Kurt Grobecker · Hanseatische Lebensregeln

Hanseatische Lebensregeln

Kommentiert
und zur Nachahmung
empfohlen von
Kurt Grobecker

Illustrationen
von Wilhelm Hartung

Kabel

Erstveröffentlichung 1985
„Klug sind sie alle – plietsch muß man sein“
Hanseatische Lebensregeln

Umschlagentwurf: Peter Albers unter Verwendung
einer Illustration von Wilhelm Hartung
Gesamtherstellung: Clausen & Bosse, Leck
ISBN 3-8225-0359-2

1 3 5 7 9 10 8 6 4 2

INHALT

VORREDE

zur gefälligen Einstimmung des hochgeschätzten Lesers

Das beste, was man mit guten Ratschlägen anfangen kann – so weiß eine alte Lebensweisheit – ist: sie ungebraucht möglichst schnell weiterzugeben.

Auch Lebensweisheiten sind im gewissen Sinn gute Ratschläge. Aber kein Hanseat würde auf die Idee kommen, diese Vermächtnisse seiner Urväter den nachfolgenden Generationen zu empfehlen, ohne sie selbst ausgiebig erprobt zu haben; denn er war von jeher ein Pragmatiker. Das macht den Wert hanseatischer Lebensweisheiten, ihre Glaubwürdigkeit als Gebrauchsanweisung für den Alltag.

Wäre der geschätzte Leser (der sich natürlich hanseatischer Gepflogenheit entsprechend nur dann als geschätzt betrachten darf, wenn er dieses Buch käuflich erworben und nicht etwa zum finanziellen Nachteil des Autors geliehen oder gar aus einer Bibliothek entwendet hat!) – wäre er also durch dieses Buch nicht heute, sondern vor 250 Jahren beglückt worden, so hätte er sich einer Vorrede etwa folgenden Wortlauts genußvoll hingeben dürfen:

„Dem verehrungswuerdigen, der Befoerderung des Wissens geneigten Leser legen wir dieses Compendium als einen practischen Rathgeber für eine standesge-

maesse Bewaeltigung des hanseatischen Alltags in die Haende.
Der Autor hat sich die Freyheyt genommen, die Aufzeichnungen seiner hanseatischen Vorvaeter und jener, die ihnen literarischen Rath zu offeriren sich ermuthigt fuehlten, auf das sorgfaeltigste zu inspiciren und einer wolwollenden Redaction zu unterziehen.

Wir scheuen uns nicht, unserm gebildeten Leser resp. der geneigten Leserin ueber die Folgen ungebuerlicher Truncksucht und ueber nuetzliches Vocabular zur allgemeinen Verstaendigung eben so freymuethig zu belehren wie ueber Regula des Anstands, allerley Vergnuegungen, so man thunlichst vermeyde, wie auch ueber das Erkennen von Nymphchen, Heyraths-Schwindlern etc. wahrheitsgemaess Bericht zu erstatten.

Moege der practische Rathgeber nicht allein der Belehrung, sondern auch der Erbauung des bildungsfaehigen Publicums dienen.“

Wir haben diesen Ausführungen unseres fiktiven literarischen Vorgängers nichts hinzuzufügen, außer, daß wir uns – soweit wie möglich – einer unserer Zeit angemessenen Sprache bedienen wollen. Im übrigen gilt auch hier, daß die Lebensregeln unserer Vorväter neben der Erbauung vor allem auch der Bildung des hanseatischen Lesers dienen sollen. Einer Generation, die Vokabeln wie Bildungspolitik, Bildungsreisen und gar Bildungsurlaub erfunden hat, müßte das eine willkommene Lektüre sein.

Kurt Grobecker

ERSTE LEKTION

Von der Kunst des Hanseaten, seine guten Geschäfte zu fördern und schlechte zu vermeiden. Oder: Geld is tweemaal tellen wert.

Geschäfte zu machen, gute natürlich, ist die große Leidenschaft des Hanseaten. Es ist – wenn man ihn schon guten Gewissens mit einer Kunst in Verbindung bringen will – die einzige Kunst, die er hinlänglich beherrscht und mit Hingabe zu pflegen bereit ist. Allerdings sollten wir gleich hier mit einem fundamentalen Irrtum aufräumen und ein altes Vorurteil beseitigen:
Gute Geschäfte waren keineswegs eine Domäne, auf die ausschließlich unser Herr Urgroßvater abonniert war. Auch seine ihm – weniger aus romantischen Gefühlen, sondern im Rahmen einer geschäftlichen Transaktion – Angetraute verstand sich durchaus auf die Kunst, günstige Situationen in gute Geschäfte umzumünzen.

Der älteste urkundliche Beleg dafür stammt aus dem Jahr 1429. Was nicht heißt, daß die Hanseatin nicht schon früher in geschäftlichen Dingen kräftig mitgemischt hätte; nur aufgeschrieben hat es niemand, weil in der hanseatischen Geschichte immer nur die Heldentaten der Männer zählten.

Der Eintritt der Hanseatin in die Stadtgeschichte, ihre Öffentlichkeitspremiere gewissermaßen, fiel mit dem Besuch des Schauenburger Grafen Otto zusammen, der in Pinneberg residierte und ab und zu mal in Hamburg vorbeischaute, um im Ratskeller kräftig einen zur Brust zu nehmen. Dabei verpaßte der gute Otto einmal – eben im Jahr 1429 – die Sperrstunde der Stadttore. Dem Bürgermeister blieb nichts anderes übrig, als dem hohen Gast sein Haus als Herberge anzubieten; und dem Schauenburger blieb nichts übrig, als die Einladung anzunehmen; denn er konnte die Stadt ja nicht mehr vor dem nächsten Morgen verlassen.

Im Haus des Bürgermeisters wurde weiter gezecht, und die Hausfrau – eine besonders schöne und liebenswürdige Hanseatin – tat sich nicht nur als gute Gastgeberin hervor, sondern machte dem Grafen wohl auch schöne Augen. Jedenfalls weiß die Chronik zu berichten, daß Otto „schier lustig" wurde und die schöne Bürgermeistersfrau ihn „mit lieblichen Worten und holdseligen Gebärden angegangen" sei, ihr doch ein Stück Land vor dem Millerntor zu schenken, auf dem die Hamburger Frauen gern ihr Leinen bleichen würden. Es sei ja nur ein bescheidenes Räumchen, „dat lütte Rümeken".

Um die Sache kurz zu machen: Graf Otto, der natürlich keine Ahnung hatte, um welches Stück Land es eigentlich ging, und der auch viel zu viel Wein getrunken hatte, um noch einen klaren Durchblick zu haben, unterschrieb gleich eine Abtretungsurkunde. (Weiß der Teufel, wo die so schnell herkam, wenn sie die Hamburger nicht schon lange in der Schublade gehabt hatten!).

Jedenfalls hat die wackere Hanseatin hier mit einer – wir wollen zu ihrer Ehre annehmen – bescheidenen und keineswegs anstößigen Dienstleistung ein hübsches

Die Hanseatin war geschäftlich durchaus gleichgewichtig.

Geschäft an Land gezogen; denn „dat lütte Rümeken" reichte vom Millerntor bis zum Altonaer Grenzbach, mithin umfaßte es annähernd ganz St. Pauli. Seitdem gilt in Hamburg der vernünftige Grundsatz, ein gutes Geschäft in Ordnung zu finden und nicht lange zu fragen, wie es zustande gekommen ist. Überzeugt oder überredet – was macht den Unterschied?

Unter allen Künsten, die dem Handelsgeschäft nützlich sind, scheint die der Überredungskunst die wichtigste zu sein. Schon am ersten Tag seines Erdendaseins wurde unser Urgroßvater auf diese Aufgabe gründlich vorbereitet. Die Hebamme löste ihm mit einer kleinen Schere oder einem Messer das Zungenbändchen, das die alten Hamburger den „Käkelreem" nannten. Wer sich fortan durch besondere Lautstärke bemerkbar machte, von dem sagte man anerkennend, ihm sei der „Käkelreem good sneden".

So gerüstet war die Kaufmannskarriere für unseren hanseatischen Ahnen ein Selbstgänger. „Mit gode Wöör lett sik mannich Geschäft maken", sagte der Hamburger – und er meint immer, was er sagt. Auch wenn er verkündet: „Bi Koopmannschaft schedt sik de Frünnen". Um nicht mißverstanden zu werden: Das ist nicht etwa ein Programm, sondern eine Lebenserfahrung, wie ja überhaupt die Lebenserfahrung bei erfolgreichen Handelsgeschäften immer die Hauptrolle spielt. Unser hanseatischer Urgroßvater hat das zwar von seinem Großvater gehört, aber geglaubt hat er es erst, als er selbst sich im väterlichen Gewürzhandel so weit freigeschwommen hatte, daß er guten Gewissens nach der Maxime handeln konnte: „De nich tolangt, de kriggt nix".

Und er langte zu, wo immer sich ihm die Gelegenheit bot. Keineswegs nur im moralisch-abwertenden Sinn, sondern durchaus auch im Sinn des Zupackens und mit dem sicheren Gespür für merkantile Gelegenheiten.

Daß unser hanseatischer Urgroßvater immer einen Hang zum Praktischen hatte – wer wollte das bestreiten oder ihm gar verübeln? Nicht einmal der Nicht-Hamburger Siegfried Lenz bringt das übers Herz und bemerkt anerkennend, Don Quichotte hätte in Hamburg die Mühlen nicht in phantastischer Verkennung attackiert, sondern sie für seine Rechnung Fischmehl mahlen lassen.

Fischmehl oder Gewürz – en detail oder en gros – das kommt auf dasselbe raus. Außer im Geruch und in der Menge! Wichtig war (und ist), daß bei der Sache was rüberkommt, was meint, daß bei dem Geschäft soviel wie möglich im eigenen Beutel hängenbleibt.

„Ümsünst springt keen Hund över'n Tuun",

pflegte unser hanseatischer Urgroßvater zu sagen, wenn man seinen Kostenvoranschlag mit der Bitte nochmaliger Überprüfung zurückwies. In der Tat: etwas umsonst haben zu wollen, ist bei einem Hanseaten nicht nur gänzlich aussichtslos, es überhaupt zu verlangen, widerspricht im höchsten Maße hanseatischer Handelsethik.

Natürlich gibt es immer ein paar, die etwas umsonst bekommen, weil es ihnen in die Wiege gelegt wurde. Die Vorteile einer Erbschaft zu genießen, zählte durchaus zu den angenehmen Seiten des Lebens. „Arvgood mookt keen Quesen" war eine der hanseatischen Weisheiten; aber unser Herr Urgroßvater beeilte sich, gleich einmal durchblicken zu lassen, mit wem er denjenigen im Bunde glaubte, dem zu ansehnlichem Wohlstand noch dazugegeben wurde:

> „De Düvel schitt jümmers up den groten Hupen".

Daß es sich der Teufel manchmal anders überlegte und die Herrschaften mit der satten Erbschaft auch mal gern in Schwierigkeiten brachte, wird oft unterschlagen. Karl Koppmann hat das Kind beim Namen genannt, wenn er 1886 feststellte:

> „Es giebt wenig Beispiele von Familien, die mit geerbtem Gelde durch mehrere Generationen fort Figur gemacht haben. Es scheint schwerer zu sein, ein erworbenes Vermögen ohne Thätigkeit und Vermehrung lange zu erhalten, als durch Eifer, vom Glück begünstigt, den Grund dazu zu legen. Die einmal zum Charakter gewordene Geschäftigkeit, wenn sie sich aufs Durchbringen wirft, ist ebenso stark und rasch im Zerstören, als sie sonst im Aufbauen war. Man hat, mitten unter den Mustern der gierigsten Habsucht, Familien gesehen, die durch den zwecklosesten Aufwand, mit denselben Bemühungen, wodurch sich Andere bereicherten, sich in höchst schlüpfriger Eile zu Grunde richteten; die erst für ihr baares Wohlsein zu arbeiten anfingen, als ihnen die Armuth ihre dürre Kehle wies, und manchmal wieder so viel erwarben, als sie im Beginn ihrer Laufbahn besessen hatten."

Wenn er aber einmal kräftig in die Hände gespuckt hatte, unser hanseatischer Herr Urgroßvater, dann legte er diese Hände nicht so leicht wieder in den Schoß. Diejenigen, die ihm den Spruch andichteten

> „Morgenstund' hett Gold in'n Mund – man Blie in'n Achtersten"

haben ihn nicht allzu gut gekannt. Unser Ahnherr war ein notorischer Frühaufsteher, und er lief auch schon am frühen Morgen zu beachtlicher Form auf. Jedenfalls bemühte er sich, als erster auf dem Comptoir zu sein, teils als leuchtendes Vorbild für seine Angestellten, vor allem aber zur Kontrolle.

> „De de Ogen nich updeit, mütt den Büdel upmaken",

hatte er im Laufe seines Kaufmannslebens gelernt. Und wenn ihm etwas weh tat, dann war es eine unnötige Ausgabe. Zur hanseatischen Weisheit gehörte es, wo immer es halbwegs mit Anstand geschehen konnte, mit Geld möglichst sparsam umzugehen. Notfalls wurde mit einer entsprechenden Ratsverordnung nachgeholfen. Besonders wenn es um die Ausgaben seiner Frau oder um seine eigenen für die Frau ging, konnte sich unser Herr Urgroßvater von seiner gesetzestreuesten Seite zeigen. Diese sich selbst verordnete Sparsamkeit ging schon vor der Hochzeit los, damit unsere Frau Urgroßmutter bloß nicht auf die Idee kommen konnte, von nun an würden für sie die Bäume in den Himmel wachsen. Die hamburgische Hochzeitsordnung von

1634 bestimmte, der Ring, den der Bräutigam seiner Braut schenkte, solle mit allem Drum und Dran nicht mehr als 100 Reichstaler kosten. Später wurden dann immer wieder Mandate gegen die Putzsucht und gegen das „Staat machen" erlassen. Allein die Tatsache, daß solche Mandate in regelmäßigen Abständen wiederholt werden mußten, deutet darauf hin, daß sie nicht allzu gründlich beachtet wurden. Dieser Verdacht scheint nicht ganz falsch zu sein; den Johann Lauremberg hat unserem hanseatischen Urgroßvater in einem Gedicht sehr drastisch bescheinigt, daß er alles andere als obrigkeitshörig war und eher dazu neigte, die vom Rat der Stadt erlassenen Anordnungen zu umgehen:

„Der hohen Avericheit (Obrigkeit) Mandaten
achtet man als Scholappen up der Straaten."

Obendrein mußte sich die Obrigkeit noch gehörig verspotten lassen. Besonders von den niedrigen Ständen, zu denen auch die Dienstmädchen gehörten. Sie hatten ihre ganz spezifischen Erfahrungen mit den hohen Herren: „Wer kann gegen de Obrigkeit", sä de Deern, „do keem se vun den Gendarm in de Weken".

Doch zurück zu den Geschäften des Hanseaten und den damit verbundenen Talenten.

Erstens bedurfte es des Talents, herauszufinden, wo etwas zu holen war. Das Talent hatte er ohne Zweifel von seinem Vater geerbt, der ihm schon frühzeitig eingebläut hatte:

„Up'n Drögen is nicht goot fischen."

Zweitens kam es darauf an, die moralischen Maßstäbe für den geschäftlichen Umgang nicht zu eng zu legen:

„De mit den Düvel speelt, mutt ook de Höll in Koop nehmen."

Drittens war es wichtig, sich bei seinen geschäftlichen Transaktionen nicht zu verzetteln:

„Mit een Moors kann man nich up twe Hochtieden danzen."

Viertens mußte man es sich ohne Widerstand eingestehen, wenn man mal bei einem Handel den kürzeren gezogen hatte:

„Dat lett nich goot, wenn de Fisch in't Nett noch mit den Fischer strieden will."

Und *fünftens* schließlich kam es darauf an, sich bei einem Geschäft nicht zu lange aufzuhalten, sondern ohne Umschweife zur Sache zu kommen. Unser hanseatischer Urgroßvater – für dessen Ausdrucksweise sich der Autor hier zum erstenmal ausdrücklich entschuldigen möchte – kleidete das in das Gleichnis:

„Dat kümmt vun dat lange Predigen, sä de Paster, do harr he in de Büx scheten."

Die Geistlichkeit und ihr Fußvolk hatte in Hamburg keinen Anspruch darauf, besonders rücksichtsvoll behandelt zu werden. Das lag auch daran, daß manch einer der geistlichen Herren sich recht gut aufs Geschäftemachen verstand. Und warum, bitteschön, sollte unser Urgroßvater seinesgleichen mit besonderer Ehrfurcht begegnen?

Er bequemte sich dazu ebenso wenig, wie er es übelnahm, wenn ein Kirchenmann auch mal sein persönliches materielles Wohlergehen im Auge hatte und nach Kaufmannsart stöhnte. Allenfalls nachsichtigen Spott hatte man von ihm zu erwarten:

„Slechte Tieden", seggt de Preester, „dat kränkelt hier un daar, man dat starvt nicht."

Im übrigen wußte unser Herr Großvater natürlich so gut wie der Herr Pastor, daß zwar alles in der Hand des lieben Gottes lag, daß man dem aber manchmal auf die Sprünge helfen mußte. Die Hamburger faßten das in die Formel:

„Man düchtig Meß ünner, sä de Buer, denn helpt dat Beden ook."

Auch eine Etage tiefer in der Kirchenhierarchie wußten sich die Akteure wohl zu bedienen. Besonders die Küster hatten darin eine Meisterschaft entwickelt:

„Veel Kinner, veel Segen", sä de Köster un steek den Dööpschilling in de Tasch."

Zudem standen die Küster in dem Ruf, ein gesundes Gespür dafür zu haben, wo etwas zu holen war.

„Ei is Ei, sä de Köster, dor greep he no't Goosei."

Welch Wunder, daß die Hilfsarbeiter des lieben Gottes allerlei Nebengeschäfte betrieben. Das lukrativste ließen sie ihre Frauen machen: Gegen eine feste und nicht geringe Gebühr verliehen die Küsterfrauen das Taufkleid für das einmalige Fest. Unseren Herrn Urgroßvater ärgerte diese Ausgabe zwar, aber er fand bald eine Möglichkeit, einen Teil der Kosten wieder hereinzubringen. Denn es entsprach hanseatischer Klugheit, sich die richtigen Leute als Paten seiner Kinder auszusuchen und sie „zum Gevatter zu bitten". Je höher die auf diese Weise verpflichtete Person stand, desto größer erhoffte man sich den „Taufschilling". Der so Angesprochene war jedesmal in einer verteufelten Situation: Einerseits hätte er das Geld gern gespart – auch wenn er sich auf der Taufe vertreten ließ, zahlen mußte er trotzdem – zum anderen war er gerade als ehrbarer Kaufmann darauf aus, dem lieben Gott eine Freude zu machen, und wie hätte er sich da wohl der Christenpflicht eines Taufpaten entziehen sollen?

Alles hat seinen Preis. Besonders in Hamburg. Das wußte auch jener Drehorgelmann, dem man sein Honorar für die schlechte Musik verweigerte und der darauf treuherzig sein Recht verlangte: Für die Musik wolle er ja auch gar nicht bezahlt werden, sondern bloß für das Drehen.

Den richtigen Dreh zu finden, war die eine Seite des Geschäftserfolges. Die andere waren die richtigen Beziehungen, die man im richtigen Augenblick am richtigen Ort anknüpfte. Nicht, daß unser hanseatischer Urgroßvater ein strahlender Party-Löwe gewesen wäre – aber sich in der Öffentlichkeit zu zeigen und den einen oder anderen zu treffen, mit dem man schon mal ein Schwätzchen über das eine oder andere bevorstehende Geschäft halten konnte, das war schon nach seinem Geschmack. Boshafte Zeitgenossen behaupteten, er habe seinen festen Platz im Opernhaus überhaupt nur aus diesem Grund, und auch seine regelmäßigen Kirchenbesuche seien kaum anders zu erklären.

Außerdem hatte er sich bei einem Lehrer, der seine schmalen Einkünfte damit aufbesserte, für einen Reichstaler jährlich eine tägliche handgeschriebene Liste der zu beerdigenden Leichen „abonniert", damit er sich auf jeden Fall in den Trauerzug einreihen konnte, falls wichtige Leute unter den Trauernden zu vermuten waren.

Da galt es dann, die hanseatischen Ohren zu spitzen, um rechtzeitig zu wissen, was alles so „im Busch" war. Vielleicht ließ sich bei solchen „Festlichkeiten" gelegentlich auch einmal einem Kollegen ein Geschäft abluchsen. Auf so etwas mußte man unter ehrbaren Kaufleuten immer gefaßt sein.

Gute Geschäfte – darunter verstand man in Hamburg zumeist Handelsgeschäfte. Der erste, der es verstand, aus einer bis dahin nicht bekannten Dienstleistung reichlich Kapital zu schlagen, war ein Bürger namens Johann Jacob Dill. Er produzierte Stocklaternen und beschäftigte eine Reihe von Mitarbeitern, die den spät nach Hause kommenden Zechern „heimleuchteten". Obwohl Herr Dill dabei gut zurechtkam und eigentlich die Anerkennung unseres urgroßväterlichen Gewürzhändlers verdient hätte, wurde er von den Kaufleuten mißtrauisch beäugt. Denn noch immer galt in den Kreisen, in denen unser Urgroßvater zu verkehren pflegte, die alte hanseatische Weisheit:

> „En Hand vull Hannel is beter as'n Wagen vull Arbeit."

Dabei war sich unser Urgroßvater durchaus darüber im klaren, daß die guten und die sehr guten Geschäfte, bei denen nicht alles mit rechten Dingen zuging, oft dicht beieinander lagen.

> „Wer Lust hett to'n Hanneln", verkündete er selbstkritisch und unter seinesgleichen nicht ohne Augenzwinkern, „de hett ok Lust to'n Bedregen."

Womit dem Autor ein höchst eleganter Übergang zum nächsten Kapitel gelungen ist.

„Ick heet ook Voß!“ sä Voß, as Voß em anschieten wull.

ZWEITE LEKTION

Von der Kunst, Leute zu betrügen, sich selbst aber die Macht des Bösen vom Leibe zu halten. Oder: Ick heet ook Voß, sä Voß, as Voß em anschieten wull.

„Politik is anners seggen as dohn", weiß der Hamburger. Er sagt dies keineswegs mit dem Unterton abgrundtiefer menschlicher Enttäuschung, sondern im abgeklärtem Tonfall der Erkenntnis, daß man zwar keinem Menschen richtig trauen darf, aber einer bestimmten Spezies schon mal gar nicht.

Unser hanseatischer Urgroßvater darf in diesem Punkt als Experte gelten. Von jeher waren in der alten Stadtrepublik an der Elbe merkantiler Erfolg und politisches Mandat eng miteinander verbunden: Wer gute Geschäfte zu machen verstand, der durfte Ratsherr sein und die Geschicke der Stadt so lenken, daß seine Geschäfte fortan noch besser gingen. Daß man die Konkurrenz – den Ratsherrn auf der Nebenbank – dabei nicht in die Karten und erst recht nicht in die Geschäftsjournale gucken ließ, gehörte zu den selbstverständlichsten Spielregeln. Daß man ihn gar auf eine falsche Fährte zu locken trachtete, galt dem Hanseaten als edle Kunst der Selbstverteidigung. Mogeln war dabei nicht nur erlaubt, sondern ein geradezu unverzichtbares Attribut der Geschäftspolitik und der Politik schlechthin.

Zwar würde unser Herr Urgroßvater niemals den

Maximen des Herrn Macchiavelli gefolgt sein. (Offengestanden: er hatte ihn gar nicht gelesen, weil Lesen ohnehin nicht zu seinen Stärken zählte.) Aber wenn er hätte, würde er die Theorien des Florentiners als „unanständig“ empfunden haben. Unanständig zu sein, galt aber unter Hanseaten als höchst unanständig. Also beschränkte man sich auf „anners seggen als dohn“, und das war eben nur „plietsch“. (Wobei die Vermutung einiger Autoren, das Wort sei eine Abwandlung von „politisch“ auf höchst wackeligen Beinen steht.) Daß hingegen „swienplietsch“ einen Superlativ pfiffigen Verhaltens beschrieb, ist sicher. Sicher ist auch, daß nicht etwa das gemeine Hausschwein bei dieser Wortschöpfung Pate gestanden hat, sondern ein besonders gelehrter Mann namens Marcus Swyn, der im 16. Jahrhundert in Dithmarschen gelebt hat und ziemlich viel Aufwand getrieben haben soll. Deshalb pflegte unser Herr Urgroßvater auch zu sagen: „dat is jo'n swienschen Staat“, wenn er allzu großen Aufwand bewunderte. Und was so schlecht geschrieben war, daß es nicht einmal von dem großen Gelehrten zu entziffern war, das konnte „keen Swyn“ lesen. Als sich unser hanseatischer Urgroßvater anschickte, aus lauter Vornehmheit nur noch Hochdeutsch zu sprechen, übersetzte er Swyn einfach in Schwein.

Doch zurück zum schlichten plietschen Hanseaten. Wer anders redete als er handelte, war noch kein Betrüger – sonst hätten ja die Gefängnisse Salons erlesener politischer Versammlungen sein müssen. (Wobei sich jegliche Anspielung auf unsere Zeit allein schon deshalb verbietet, weil der Verleger die Flut von Beleidigungsprozessen finanziell nicht überleben würde.)

Mit dem Betrug war das so eine Sache. Nicht, daß es hanseatischem Kaufmannsgeist entsprochen hätte, seine Geschäftspartner übers Ohr zu hauen, was man hierzulande mit der harmlosen Metapher „über den Tresen ziehen“ umschrieb. Aber unser Herr Urgroßvater kehrte doch allzu oft die ihm in die hanseatische Wiege gelegte kaufmännische Ehrbarkeit heraus. Und diese unübersehbare Häufigkeit selbstausgesprochenen Lobs konnte einen denn schon mißtrauisch machen. Er selbst war übrigens auch alles andere als vertrauensselig. In der obersten Schublade seines Stehpults auf dem Comptoir verwahrte er – den neugierigen Blicken seines „Personals“ mit Sorgfalt entzogen – ein im schönsten Spätbarock verfaßtes „Betrugs-Lexikon“, „worinnen die meisten Betrügereien in allen Ständen nebst denen darwider guten Theils dienenden Mitteln entdeckt“ waren. Ein Geschäftsfreund (welch sinnige Wortverbindung für zwei Hyänen, die nach den fettesten Brocken einer gemeinsamen Beute schnappen) hatten es ihm von einer der Handelsreisen aus dem Sächsischen mitgebracht, und so konnte er denn zwischendurch immer einmal schnell einen Blick in die Bibel des Mißtrauens werfen, bevor er einen Kontrakt unterzeichnete. Er teilte übrigens voll die Auffassung des Autors, „es werde den Neben-Christen nicht undiensam seyn, hiervon einige Entdeckung zu thun ...“. Seinem Prokuristen und Teilhaber gegenüber vertrat er eifrig seine Philosophie „daß neue, Aufricht- und Redlichkeit einander, so lange noch die Creatur auf besseres Leben hofft, auf Erden begegnen und küssen mögen“. (Unser Herr Urgroßvater hatte immer einen Hang zum Poetischen, wenn es sich in irgendeiner

Weise mit dem Praktischen verbinden ließ und seiner Sache nützte.) Heimlich aber blätterte er in seinem Betrugs-Lexikon, und es lohnt sich, ihm dabei über die Schultern zu blicken, wenn es einem schon nicht gelingt, ihm ins Herz zu schauen:

Es gibt kaum einen Stand in der Gesellschaft, bei dem man nicht gelegentlich auf Handlungen gefaßt sein mußte, die alles andere als ehrenhaft zu nennen waren. Auch die eigene Zunft der Handelsleute war nicht ganz frei von diesem Makel. „Sie betrügen", so las der Herr Urgroßvater mit wachsam hochgezogener Augenbraue, „wann sie das Getreide vor dem Verkauf einnetzen, damit es aufschwelle und desto mehr ins Maaß gebe." Und an einer anderen Stelle stand schwarz auf weiß verewigt, was einer seit fünf Generationen im Gewürzhandel erfolgreichen Hanseaten-Dynastie je nach dem Grad ihrer moralischen Stabilität entweder kalte Schauer über den Kaufmannsrücken laufen oder das Herz hüpfen lassen mußte:

> „Materialisten betrügen: 1) wenn sie ihre Waaren übersetzen, und daran allzu großen Gewinn suchen. 2) Wenn sie alte, verlegene und fast verdorbene Materialien wohlfeil einhandeln, und solche vor frischen Waaren wieder verkauffen. 3) Wenn sie aus dem gantzen Zimmet und ungestossenen Naegelein die Essenz auskochen, solche wieder trocknen und mit einem Liquore faerben, dann in einer Kiste, wo zuvor guter Zimmet und Naegelein gelegen, damit sie wieder einen Geruch bekommen, legen, etwas frisches darunter mischen, und es solcher Gestalt miteinander an Mann zu bringen suchen; wenn sie auch aller-

ley koestliche wohlriechende Höltzer, Rinden und Früchte, so entweder gantz keine Kraeffte gehabt, oder doch derselben beraubet worden, deren jedes, nach Belieben, mit gewissen Spiritibus, Essenzien und Oelen ein wenig anfeuchten, daß sie nur den Geruch an sich ziehen, und nachgehends vor veritable paßiren muessen... 6) Wenn sie unter den gestossenen Pfeffer faul Holtz oder das Pulver von scharffen Wurtzeln thun. 7) Wenn sie unter den zerstossenen Ingwer zerstossene Erbsen mengen..."

Solche Warnungen mag manch einer als Anregung verstanden haben. Diesbezügliche Klagen jedenfalls wurden häufiger geführt als einem unter dem Siegel der Ehrenhaftigkeit zu Wohlstand gekommenen Hanseaten lieb sein konnte. Andererseits: Um wieviel feiner waren solche Methoden verglichen mit den Machenschaften der sogenannten Beutelschneider, über die warnend berichtet wurde, daß sie „bey Einhandlung einiger Waaren ihre „Schnapp-Säcke" unter den Kleidern verborgen haben, und darein alles, was sie nur denen Kauf- und Handelsleuten heimlich entziehen können, stecken".

Da unser Herr Urgroßvater wenn schon nicht zu den Brauern, so doch zu den Konsumenten wohlfeilen Hamburger Biers zählte, wird er auch mit großem Interesse zur Kenntnis genommen haben, auf welche Art ihn die Bierwirte zu überfahren pflegten: wenn sie nämlich zwar „rechtes Gemäß fuhren, aber beym Einlassen mit dem Bier einen großen Gäscht machen, und so gleich unter dem Schein eines vollen Maßes in des Käuffers Gefäß eingießen, daß dieser, wenn der Gäscht vergehet, dennoch zu kurz komme“. Aber immerhin war dies noch das kleinere von mehreren Übeln, die einem im Zusammenhang mit dem Bier widerfahren konnten. Weitaus unangenehmer war schon die Abgebrühtheit der Wirte, „wenn sie altes abgeschmacktes Trauf-Bier unter das neue oder die „heftigen Bier-Neigen“ in andere frisch angesteckte Fässer giessen.“

Jeder Berufsstand hatte da so seine kleinen Tricks. Unser Herr Urgroßvater tat gut daran, sich sein „Betrugs-Lexicon“ unter das Kopfkissen zu legen. Dann wußte er doch wenigstens, warum er gelegentlich seine Eheliebste völlig zu unrecht eines heimlichen Alkoholgenusses verdächtigt hatte. Immerhin, so las er, seien da noch die Dienstboten ins Kalkül zu ziehen, die sich mehrfach aktenkundig schuldig gemacht hatten, „wenn sie die Kloben an denen Keller-Schlössern heimlich ausziehen, oder, wenn sie mit andern in Kellern gehen, die Vorlegeschlösser nicht völlig zuschließen, und durch solches Mittel denen Wein- und Bierfässern zusprechen.“

Wollte der auf solche Art Betrogene sich seinerseits rächen, dann gab ihm sein Betrugs-Lexikon dazu durchaus Anregungen; denn Dienstherren machten sich auf höchst kostensparende Art schuldig, „wenn sie ihrem Gesinde ohnvermerckt von Kranckheit wegen geschlachteten Viehe, finnichten Schweinen, oder unreinen räudigen Schaaf-Fleisch, todten Fischen und dergleichen zu essen geben.“

Nun war das mit dem Essen für das von Natur aus unzufriedene Personal so eine Sache. Jedenfalls hatte unser hanseatischer Urgroßvater noch gut in Erinnerung, wie noch sein eigener Großvater sich rechtfertigen mußte, weil er seinen Dienstboten tagein, tagaus immer nur besten Elblachs hatte vorsetzen lassen. Darüber war es zu einem richtigen Streik gekommen – vermutlich dem ersten in der Geschichte Hamburgs. Und er erinnerte sich auch noch an den Aufstand der Brauerknechte ein paar Jahrzehnte zuvor. Damals waren die raufluştigen Gesellen mit Trommeln, Pfeifen und Spottgesang vor das Haus eines Brauherrn gezogen, der sich als „filziger Schenker" beschimpfen lassen mußte, weil er seinen Knechten zu ihrer alljährlichen „Höge" nicht wie üblich sehr fettes Ochsenfleisch spendiert hatte, sondern ein ziemlich mageres Filetstück.

Unser Herr Urgroßvater begriff wohl, daß sich die Ansichten über das, was als anständig und redlich galt, von Zeit zu Zeit änderten. Andererseits pflegte er seine festen Grundsätze, die er von seinem Vater übernommen hatte und die er seinem Sohn weiterzugeben trachtete, in der Hoffnung, daß die ehernen Maximen auch ihm den Weg weisen möchten. Daß es auf diesem Weg durchaus Situationen geben könne, in denen es angezeigt war, sich unangenehmer Belastungen zu entziehen, das galt unserem hanseatischen Ahnherrn als selbstverständliche Lebensregel. Sein für alle Fälle zur Rate gezogenes „Betrugs-Lexicon" hatte ihm dafür ein sinnfälliges (allerdings sehr konkret gemeintes) Beispiel geliefert, das sich auf viele andere Begebenheiten des Lebens übertragen ließ – zur Warnung und zur gefälligen Nachahmung: „Leichenträger betrügen", hieß es da, „wenn sie falsch tragen, und einem anderen die Last auf den Hals schieben, oder aber in der Mitte unter dem Sarg, ohne die Todten-Bahre fast mit den Achseln anzurühren, hingehen."

Die Angst vor den allgegenwärtigen Blicken des lieben Gottes scheint unsere wackeren Hanseaten auch in dieser Situation nicht bedrückt zu haben. Und wenn es darum ging, der weltlichen Herrschaft eins auszuwischen, hatte unser hanseatischer Urgroßvater ohnehin keine Skrupel. Der Kaffeeschmuggel zwischen Hamburg und Altona während der von Napoleon verhängten Kontinentalsperre ist ein augenfälliges Beispiel: Mit großem Einfallsreichtum ersann man Verstecke für den Kaffee, um die Zöllner aufs Kreuz zu legen. Da wurden aus Rohkaffee bestehende künstliche Bäuche, Brüste, Höcker und Waden geschnürt. Aber das war noch gar nichts gegen die Abgebrühtheit bei Leichenbegräbnissen: Anstelle des lieben Verblichenen packte man einfach einen prallen Kaffeesack in den Sarg und hoffte dann auf einen pietätvollen Grenzbeamten, der nicht allzu genau nachschaute.

Apropos genau hinschauen: Wenn unser Herr Urgroßvater seine Eheliebste beim Betrug in flagranti ertappte – was Chronisten zufolge gar nicht so selten vorgekommen sein soll –, dann zeigte er ziemlich unverblümt, daß ihm diese Art von Betrug nun doch an die Nieren ging. In diesem Punkt war er unversöhnlich und sah das Problem durchaus von der praktischen Seite. Als ein solcher Fall einmal vor Gericht verhandelt wurde und der Richter – wissend, daß unser Herr Urgroßvater ein eifriger Kirchgänger war – eine Versöhnung mit dem Hinweis zustande zu bringen versuchte, auch Jesus habe schließlich der Ehebrecherin vergeben, antwortete der Betroffene mit durchaus nachvollziehbarer Hanseatenlogik: „Tja, das ist ja nun auch nicht seine Frau gewesen ...“

Der Einwand war aus der Sicht des Hanseaten durchaus gerechtfertigt. Ihn interessierte nur selten das allgemeine Prinzip, sondern der konkrete Einzelfall. Und das auch nur, wenn er sich nicht in höheren Regionen abstrakten Denkens abspielte, sondern auf dem Boden nüchterner Tatsachen. „Hool die an'n Tuun, de Heven is hoch" war seine höchst gesunde Einstellung. Und bezüglich des Einzelfalls, der ja durchaus auch ein Sonderfall sein konnte, wußte er: „De Ansichten ännert sik, wenn de Uutsichten anners ward." Diese Erkenntnis ist bis auf den heutigen Tag nicht überzeugend widerlegt!

Im übrigen aber gab sich unser Herr Urgroßvater anständig, wenngleich Heinrich Heine ihm das nicht recht abnehmen wollte und 1829 dichtete:

„Oh, daß ich große Laster säh,
Verbrechen, blutig, kolossal –
Nur diese satte Tugend nicht
und zahlungsfähige Moral!"

Um die Zahlungsfähigkeit drehte sich (fast) alles bei unseren Hanseaten. Um die eigene und die der anderen, von denen man etwas zu erwarten hatte. Und man war nicht zimperlich, wenn es darum ging, sich seinen Teil zu holen: „Dat wüllt wi wull kriegen, sä de Afkaat un meen dat Geld." Daß Vorteile manchmal schmerzlich erkauft wurden, fand seinen Ausdruck in der überzeugenden Einsicht: „All to mien Besten sä de Jung, dor hau sien Vadder 'n Schacht op sien Ors twei."

Er war sich des schmalen Grats zwischen noch anständigem Geschäft und nicht mehr so recht akzeptabler geschäftlicher Transaktion durchaus bewußt, unser hanseatischer Urgroßvater. Und besonders verschämt guckte er dann jedesmal schnell weg, wenn er auf dem Weg zum Comptoir an jenem Haus am Cremom vorbeikam, das ein Wasserbecken mit dem Sinnspruch zierte:

„Du, der Du Dich hier wäscht,
wasche nicht nur Deine Hände,
sondern auch Dein Herze.“

Viel genützt haben solche Ermahnungen offenbar nicht; denn nicht einmal zum damals noch christlichen Weihnachtsfest haben unsere Herren Urgroßväter den verbal so überstrapazierten ehrbaren Hanseaten heraushängen lassen, jedenfalls nicht alle. Und darüber hat sich der Pastor Schuppius bitterlich beklagt: „Wann wird grösserer Wucher, grössere Schinderey und Betriegerey in Hamburg getriben, als an dem Christ Abend, in der Thumbkirchen, wann das Kindlein Jesus Frauen, Kinder und Gesind etwas bescheren sol?“

Bei so eindringlichen Worten eines braven Gottesmannes glaubt man im Hintergrund schon den Teufel zu sehen, wie er sich in Erwartung verdorbener Hanseatenseelen die Hände reibt. Andererseits hatte es durchaus den Anschein, daß der Teufel unseren hanseatischen Urgroßvater keineswegs mit Schrecken erfüllte. In seinen Redensarten pflegte er ihn wie einen armseligen Verwandten zu behandeln, den man nicht sonderlich auf der Rechnung haben muß. Wenn es dann aber zur Sache kam, wurde unser Hanseat doch ziemlich kleinlaut. Bei seinen Handelsgeschäften hatte er gelernt, daß eine Versicherung nützlich sein konnte. Warum sollte er sein Für-alle-Fälle-Denken ausgerechnet ablegen, wenn er sich ans Testamentsschreiben machte? Sicher war sicher. Besonders wenn's ans Sterben ging. Im Fegefeuer schmoren wollte er natürlich nicht. Und so bestimmte er in seinem letzten Willen, daß man vom „predigtstole“ an ihn denken sollte, und das ließ er sich gern schon mal mehr als eine Kleinigkeit kosten.

Ernst Finder hat das vor einem halben Jahrhundert etwas feiner, aber durchaus treffend formuliert: „Die Überzeugung, daß für eine Guttat die Belohnung im Jenseits durch die Fürbitte des den Verkehr zwischen Gott und den Gläubigen vermittelnden Priesterstandes am besten und sichersten erlangt werden könnte, führte dazu, die Geistlichkeit, weltlich und klösterlich, je nach den Vermögensverhältnissen, mehr oder minder reich zu bedenken.“

Geschäfte auf Gegenseitigkeit waren in der Welt der Kaufleute durchaus nichts Ungewöhnliches. Man hatte gelernt, daß es lohnenswert sein konnte, überall mal ein bißchen nachzuhelfen, und von Parteispendenaffären war ja damals noch nicht die Rede. Es galt, Wohlwollen zu erzeugen und Mißgunst abzuwenden. Mit allen Mitteln nach dem hanseatischen Grundsatz: „Recht geiht sien Gang – Unrecht sien Fortgang.“ Mit der Mißgunst hatte es im alten Hamburg noch eine besondere Bewandtnis. Es gab Leute, denen man mit äußerster Vorsicht zu begegnen hatte. Und zwar so früh wie möglich:

„Die Wochenstuben müssen sowohl als die Brautkammer wohl zugehalten werden“ empfahl ein Arzt noch vor gut 200 Jahren, weil allerlei Geister nur auf einen günstigen Augenblick warteten, das Kind gegen einen „scheußlichen Wechsel-Balg“ einzutauschen. Und auch bei den lieben Nachbarn konnte man seiner Sache nie ganz sicher sein. Da lauerte immer die Gefahr des „Beschreiens“. Die Sache war ganz einfach: Man rühmte die Schönheit und Wohlgestalt der Kinder, und schon begannen diese abzumagern, dürr zu werden, den Appetit zu verlieren und endlich „ganz ausgezehret dahinzusterben“.

Nun gab es aus der Sicht der alten Hanseaten kein schlimmeres Schicksal, als den Appetit zu verlieren, und dagegen wurden im Zimmer der Kindbetterin allerlei fromme Sprüche aufgehängt. Fand man in der Wiege einen verdächtigen Gegenstand, der als Utensil einer Verhexung gelten konnte, mußte der unter kräftigem Fluchen hinausgeworfen werden.

Da Fluchen zu den besonderen Begabungen des Hanseaten zählte, war Verhexungen vermutlich immer schnell zu begegnen.

Überhaupt mußte man sich mit unserem Jung-Hanseaten ziemlich vorsehen, wenn man ihm keinen Schaden zufügen wollte, auch wenn er gar nicht da war. Wurde seine leere Wiege geschaukelt, raubte man ihm dadurch seine Ruhe. Reichte jemand etwas über die Wiege, bescherte er dem Kind damit schwere Träume. Schritt man über ein am Boden liegendes Kind hinweg, dann mußte dieses fortan unter Wachstumsstörungen leiden. Vor allem aber: Erlaubte man einem Kleinkind in den Spiegel zu schauen, waren damit die Weichen für den Abstieg in die ausweglose Eitelkeit gestellt. Ein Aberglaube, der vielleicht so abwegig gar nicht war...

Das Wissen um die geheimsten Zusammenhänge von Tod und Leben gehörte zu jenen Weisheiten, die sich zuverlässiger als alles andere von einer Generation auf die nächste vererbten. Alle möglichen Alltäglichkeiten wurden erstmal mit dem nahen Ende eines Menschen in Verbindung gebracht. Wenn es hinterher anders kam – um so besser. Aber erstmal war es gut, vorbereitet zu sein, und unserem Herrn Urgroßvater gelang es immer wieder, die liebe Familie in gelinden Schrecken zu versetzen. Rief irgendwo ein Kauz, so waren da ganz deutlich die Worte „kumm mit“ herauszuhören. Und wer konnte dazu schon auffordern, wenn nicht der Tod, der bei den damals großen, ein bißchen kränkelnden Familien immer auf der Lauer lag und einen im hohlen Auge hatte. Wenn der Holzkäfer sich im Gebälk zu schaffen machte – welch Wunder bei der mittelalterlichen Fachwerkbauweise – war's natürlich die tickende Totenuhr. Wenn sich die Katzen bissen – wobei es tatsächlich meistens um die Gunst eines Katers ging – galt es als Hinweis auf ein bevorstehendes trauriges Ereignis. Vor dem Hause heulende und scharrende Hunde kündeten von ähnlichem Unheil. Und wenn gar in einem der stets zugigen Wohnhäuser ein Licht ausgeblasen wurde, wurde es zum Lebenslicht erklärt, und es galt nur noch abzuwarten, wem es gehörte ...

Andererseits verfügten die alten Hanseaten über eine ganze Reihe übler Tricks, um einem nun schon mal auf dem Weg dorthin Befindlichen etwas schneller ins Jenseits zu befördern: Man mußte ihm plötzlich mit aller Kraft das Kopfkissen wegreißen, das erleichterte die Trennung der Seele vom Körper. Manch einer wird dann tatsächlich vor Schreck am Herzschlag gestorben sein.

Ratsam war es auch, dem gerade Verstorbenen ein

Gesangbuch unter das Kinn zu schieben; denn ein offener Mund konnte – ebenso wie geöffnete Augen – den Überlebenden gefährlich werden: er konnte nach altem Volksglauben als „Nachzehrer“ einen anderen hinterherziehen.

In seinen Buddenbrooks beschreibt Thomas Mann, wie nach dem Tod eines Familienangehörigen alle Spiegel zugehängt werden. Diese Sitte, die bei der Lübecker Konsulfamilie wie ein Stück Pietät der Überlebenden aussieht, hat in der Überlieferung der Hanseaten einen anderen Grund: Wenn ein Spiegelbild des Toten entstand, muß ihn ein anderer aus der Familie begleiten, und außerdem würde der Spiegel die Seele des Verstorbenen im Hause festhalten. Aber ein herumspukender Verwandter war das wenigste, was man sich im Hause wünschte. Aus demselben Grund wurde in Hamburg auch das Leichenhemd über den Gliedmaßen eines Mordopfers zusammengebunden: Die zum Spuk geneigte Seele sollte gefälligst im Hemd bleiben...

Zurück zu den mehr angenehmen Seiten des Lebens, bei denen allerdings auch allerlei Zauberei im Spiel war.

„Värt Brudbett hängt den Mäschen-Kranz,
Dann stört keen Hex jon Ehstands Danz.“

Mit solchen Kalendersprüchen wurde unser hanseatischer Urgroßvater daran erinnert, daß es nicht genügte, zur Hochzeitsnacht in guter Form zu sein. Man mußte auch Vorkehrungen gegen allerlei Verwünschungen treffen. Und die waren keineswegs von der harmlosen

Art, wie sie die bei der Braut abgeblitzten Konkurrenten gelegentlich aussprechen mochten. Gefahr drohte vor allem von bösen Zeitgenossen, denen daran lag, das neuvermählte Paar um die so sehnlichst erhoffte Nachkommenschaft zu bringen. Das Nesselknüpfen war ein nach altem Aberglauben zum Verhexen geeignetes Mittel: Man knüpfte während der Trauung einen Knoten und warf ihn anschließend weg; dann war's aus mit dem Kindersegen, mochte sich unser Herr Urgroßvater auch noch so ins Zeug legen. Nur ein am Bett aufgehängter Möschenkranz konnte das Unheil noch abwenden, und so mußte sich denn der Hanseat im Ehebett erstmal mit Hammer und Nagel betätigen, bevor er so richtig zur Sache kommen konnte.

Manchmal half es, manchmal nicht! Unser hanseatischer Urgroßvater war experimentierfreudig, obwohl er wußte: „Versöken maakt kloke Lüüd, avers nüms riek". Und wenn die Sache mal gar nicht klappen wollte, fand er immer noch einen brauchbaren Ausweg. „Dat is'n dummen Voß, de man een Lock weet", sagte er mit einem Augenzwinkern. Es war jenes Augenzwinkern, mit dem sich schon seine Urgroßväter durch die Geschichte gemogelt hatten.

... und er deswegen mißfiel, weil er gerade nicht die Größe und Schönheit des Romanhelden hatte.

DRITTE LEKTION

Von der Kunst des Hanseaten, sich Weiber untertan zu machen und der Kunst der Hanseatin, sich dafür zu rächen. Oder: „Recht hest du, man dat Muul schallst zu holen.“

Ein Reporter der „Illustrirten Zeitung“, den seine Redaktion 1846 nach Hamburg geschickt hatte, charakterisierte unseren Urgroßvater so: „Der ächte Hamburger liebt vor allem das Alte, das sein Vater und Großvater besessen, und hat kein Auge für das bessere Neue, er hält sich für etwas Besonderes und denkt, was Anderen gut und zweckmäßig ist, braucht es uns nicht zu sein – denn wir geben uns ja unsere Gesetze selbst. Und wäre dies auch nur ein Schein, eine Selbsttäuschung – er läßt doch nicht ab von seinem Wahne, weil er darin glücklich ist.“

Was will man von einem konservativ gestimmten Urgroßvater erwarten? Sicher nicht, daß er auch nur einen blassen Schimmer von dem haben würde, was man später einmal Frauenemanzipation nennen sollte.

„Mann op't Peerd, Fro an'n Herd“

war sein Wahlspruch, den er durch die Jahrhunderte mit sich herumschleppte und immer besser fand, je länger er danach handelte. Als er unsere Urgroßmutter dann endlich an den Herd verbannt hatte, merkte er, daß er auch hier immer noch ein wachsames Auge auf sie werfen mußte. Denn:

> Wo de Fro in'n Huus regeert, is de Düvel Huusknecht."

Also beschloß er, unsere Frau Urgroßmutter nach allen Regeln der Kunst zu unterwerfen.

Das war kein leichtes Geschäft; denn im mittelalterlichen Hamburg bedeutete dies, gegen eine zahlenmäßige Überlegenheit zu kämpfen. Ein paar der besonders unbequemen Exemplare weiblicher Hanseatinnen hatte unser Uropa abschieben können in eines der vielen Klöster. In Reinbeck, wo es besonders weltlich zugegangen sein soll, in Altkloster und Neukloster bei Buxtehude und nach 1240 auch bei den Zisterzienserinnen in Harvestehude wurden sie gern genommen, weil mit ihrem Eintritt meistens auch eine gute Familienrente verbunden war.

Unser Herr Urgroßvater hielt seinen Entschluß, mindestens eine der Töchter ins Kloster zu schicken, für eine unter gesellschaftspolitischen Gesichtspunkten als weise zu betrachtende Transaktion; denn Nonnen waren nicht erbfähig, und sie brauchten auch keine Mitgift. Außerdem dachte er dankbar daran, daß auch sein Vater eines der Mädchen auf die elegante und obendrein noch gottgefällige Art von der Liste der Erben gestrichen hatte, was für ihn und die anderen Kinder ein größeres Erbteil zur Folge hatte.

Damit war aber nur ein bescheidenes Stückchen „Frauenfrage" gelöst.

Den größeren Rest erledigte unser hanseatischer Urgroßvater durch die Flucht nach vorn: er entschloß sich zur Heirat. Das Motiv war durchaus ehrenwert und keineswegs von der unanständigen Art jenes Hamburger Straßenmusikanten, der mit einer dreifachen Witwe zum Traualtar marschierte und rundheraus die seinen Mut bewundernden Freunde aufklärte, er wolle doch mal sehen, ob man so ein Weib nicht auch überleben könne. Nein, unser Herr Urgroßvater führte nichts dergleichen im Schilde, es sei denn, man wollte ihm seine Absicht vorwerfen, durch eine irgendwie geartete vertragliche Regelung seinen Einfluß auf die Dame seiner Wahl zu vergrößern, ähnlich wie er das im Geschäftsleben gewohnt war. Die Voraussetzungen, sie in den Griff zu bekommen, waren von der gesetzlichen Seite aufs beste geregelt. „Mannshand baven" lautete sein Schlachtruf, und der stammte aus dem Stadtrecht von 1270. Genau 333 Jahre später hatte ein wohlweiser Rat der Stadt den Grundsatz bekräftigt: Kraft seiner hausherrlichen Gewalt hatte der Mann gegenüber seiner ihm Angetrauten ein „mäßiges Züchtigungsrecht". Was mäßig war, blieb seiner eigenen Einschätzung überlassen. Das Hamburger Stadtrecht von 1497 bestimmte übrigens auch, daß die Frauen zeitlebens im Stand der Minderjährigkeit blieben, während unser Herr Urgroßvater selbst mit 20 Jahren mündig wurde.

Das war doch immerhin schon mal eine Basis, auf der aufzubauen lohnte!

Anderseits hatte man den Hanseaten eindringlich gewarnt. Was da so in überlieferten Weisheiten von Generation zu Generation weitergereicht wurde, mahnte zur Vorsicht:

„De Mann erwarvt, de Fro verdarvt,"

pflegte sein eigener Großvater zu sagen, obwohl doch gerade die Oma alles darangesetzt hatte, zusammenzuhalten, was im Laufe der Zeit angehäuft worden war. Wenn unser Herr Urgroßvater als noch ziemlich junger Mann nachfragte, wie denn das mit dem Erwerben und Verderben gemeint sei, kam es noch dicker:

„De Fro kann mehr in de Schört uut'n Huus
dregen
as de Mann mit'n Peerwagen inföhrt."

Und um noch gehörig eins draufzusetzen, frozzelten die alten Herren – denen ja zu aller Zeiten außer Frozzeln nicht mehr viel Freude geblieben ist:

„Frie man eerst", seggt de Scheper to sienen
Hund, „denn schallst du den Steert wull hangen
laten."

Es spricht für unseren hanseatischen Urgroßvater, daß er beschloß, sich nicht durch solche Weisheiten abschrecken zu lassen, sondern seinen Leidensweg der Erfahrungen selbst zu gehen.

Die Dame seines Herzens war nicht unvorbereitet. In ihrem Jungmädchenzimmer hielt sie ein kleines Büchlein aus der Barockzeit wohlverwahrt, in dem ihr (allerdings männliche) Ratgeber für den Fall der Fälle nützliche Anregungen mit auf den Weg in den neuen Lebensabschnitt gaben. Unter anderem diese:

„Eine Mutter gab ihrer Tochter disse Lehre / Sie solte keynen heirathen / sie hette ihn denn truncken / verspielt und zornig gesehen / wann er ihr in solchen Begebenheiten noch gefiele / möchte sie kühnlich zupacken und würde disserweis einen feinen Mann bekommen."

Weniger barock, aber immerhin von hanseatischem Selbstbewußtsein geprägt war eine Erfahrung, die die Mädchen untereinander weitergaben und mit der ihre Mütter einige Erfolge auf der Habenseite ihrer Ehebilanz verbuchen konnten:

„Mit Eien un Kleien kannst den gröttsten Bullen an'n Grund kriegen."

Was unser hanseatischer Urgroßvater seinerseits von der Dame erwartete, die fortan seinen Namen (und damit den einer beachtlichen Dynastie von Gewürzhändlern) tragen wollte, hatte er in den Rand einer Gedenkmünze prägen lassen:

„Martha Fleiß, Marien Gluth, schön wie Rahel,
klug wie Ruth – Frauen bestes Heuraths-Guth."

Oder er ließ ihr durch die Münze sagen, daß sie ja immer auf den Rat ihres Herrn Papa, seines lieben Geschäftsfreundes von der Börse, hören solle:

„Mein Kind, folgst du der Eltern Rath,
gibt Gott durch Engel Rath und That."

Unser Urgroßvater selbst war, dank einer recht robusten Gewürzhändlerseele, in seinen Äußerungen etwas prosaischer. Fragte man ihn, wie „sie" sein solle, so bekam man die lakonische Antwort: „handfest". Was er darunter verstand, hat Siegfried Lenz 150 Jahre später so ausgedrückt:

> Wenn die Frau eines Senators ein Schiff taufe, bestehe nie die Gefahr, daß die Sektflasche nicht zerspringe. Ihre Wurfkraft sei nämlich so achtbar, daß Eingeweihte jedesmal in Deckung gehen.

Zudem signalisierte ihre Handfestigkeit auch eine gehörige Portion Realitätssinn. Seit sich in der Phase ihrer ersten erotischen Gehversuche an ihr die alte hanseatische Regel bewahrheitet hatte:

> „Wenn'n Jungfer fallt, denn fallt se up'n Rüch",

hatte sie es für zweckmäßig erachtet, ein paar der stets beschworenen Ideale über die Bordkante ihres Lebensschiffes zu werfen. Am Tag der Hochzeit sagte sie unserem bräutigamligen Herrn Urgroßvater ins Ohr:

> „Du büst'n old Swien, ober bliev man so!"

Damit, so sollte man glauben, seien die Grenzen abgesteckt, in denen eine harmonische Zweisamkeit gedeihen kann. Weit gefehlt; denn unser hanseatischer Urgroßvater hatte Vorstellungen von der Rolle seiner Angetrauten, mit denen sie sich nicht ohne weiteres anfreunden mochte.

Es entsprach nämlich durchaus hanseatischer Weisheit, die Frauen in einem Zustand mäßiger Unwissenheit zu halten, damit sie gar nicht erst auf die Idee kommen konnten, gegen unseren Herrn Urgroßvater aufmüpfig zu werden.

> „Wußten ... unsere Töchter ihren Cathecismus herzusagen, einige Gesänge zu singen, Caldaunen zu stopfen, Kopffleisch, Sulzen und allerlei Früchte einzumachen, mit den Mädchen zu zanken, bey Gelegenheit roth zu werden, zu sparen, mit ihren Möpsen zu spielen und etwa auf dem Capitäns Convivio alle Jahr einmal zu tanzen, so wußten sie genug."

Nun war unser Herr Urgroßvater nach seiner eigenen Einschätzung ein Mann, der durchaus mit der Zeit ging und sich gelegentlich selbst übertreffen konnte. Allerdings nicht immer zu seinem Vorteil!

Hatte er der Dame seines Herzens nicht vor der Eheschließung einmal – in der löblichen Absicht, ihr etwas literarische Bildung angedeihen zu lassen – einen der gerade in Mode gekommenen Romane in die Hand gedrückt? Er konnte ja nicht ahnen, daß sie Gefallen daran finden würde, und da hatte er nun die Bescherung. Der scharfsinnige Johann Arnold Minder hat 1794 die katastrophalen Folgen dieses Fehlers beschrieben:

> „Ich sage Dir, daß es hier unter den unverheirateten Frauenzimmern wirklich manche giebt, die auf diesem Wege dahin ge-

> kommen sind, sich und anderen das Leben zu verbittern. Ich habe hier mehrere, sonst gute, Mädchen gekannt, die sich durch ihren thörigten Hang zur Romanlektüre so ganz verstimmt hatten, daß ihnen der beste bravste Mann, dessen äussere Glücksumstände sehr anlockend waren, deswegen mißfiel, weil er gerade nicht die Gestalt, Größe und Schönheit des Romanhelden hatte, den ihre üppige Phantasie nach der gelesenen Schilderung entwarf."

Und der Autor fügte noch hinzu, er habe sogar mehrere Frauenzimmer gekannt, die durch ihre Lektüre verleitet worden seien, selbst Romane zu spielen, wobei denn natürlich ihr guter Ruf und ihre ganze Aussicht auf künftiges Eheglück verlorengehen mußte.

Bei den Töchtern feinerer Abstammung schimmerte schon mal ein Stück höherer Bildung durch. Jedenfalls hat der Ratsherr und Dichter Brockes bei der Hochzeit seiner Tochter nicht nur deren zur wahren Frömmigkeit geneigtes gehorsames Herz gerühmt, sondern auch ihre Geschicklichkeit in freilich typisch weiblichen Künsten wie Zeichnen, Wirken, Stricken – das damals noch „Brodiren" hieß – sowie ihre Fähigkeit „fleißig-vernünftig Haus zu halten und Lieblichkeit im Musiciren."

In den niederen Ständen sah es nicht so rosig aus. Und auch was sich auf halber Höhe der Gesellschaftsleiter festgesetzt hatte, fand kaum Gefallen an der Vorstellung, von gebildeten Frauen umgeben zu sein. Dieses Ziel war für unseren hanseatischen Urgroßvater ohne sonderliche Mühen zu erreichen, einfach durch

Nichtstun und alles beim alten zu belassen. Wie wirksam diese konservative Zurückhaltung ihren Zweck erfüllte, schildert Ferdinand Beneke, dessen historische Detailgenauigkeit über jeden Zweifel erhaben ist. Er war zu einer Krameramts-Mahlzeit eingeladen, für die eine Parallele in unserer Zeit zu nennen die Diskretion verbietet.

Beneke beobachtete, daß nicht nur unmäßig viel gegessen und getrunken wurde, wobei sich unsere hanseatische Urgroßmutter beachtlich hervortat, sondern auch im „affektirten Hochdeutsch" viel dummes Zeug geredet wurde. Als die Flaschen leerer und die Menschen lauter wurden und die Gesellschaft nach und nach vom gequälten Hochdeutsch ins vertraute Plattdeutsch verfiel, setzte er sich zwischen zwei junge Mädchen, um ihre Albernheiten zu sammeln; aber er bekannte enttäuscht, sein Gedächtnis habe nicht Platz genug für ihre Beiträge gehabt:

> „Diese hamburgische vornehme Mittelklasse ist unglaublich burlesk."

Welch Wunder, wenn auch die Lebensregeln, an denen man sich zu halten trachtete, der etwas groben, aber immer ziemlich gradlinigen Denkweise unseres ehrenwerten Herrn Urgroßvaters entsprechen.

> „Dat gifft man een böös Fro in de Welt",

pflegte er zu sagen,

> „man jedereen meent he hett se."

Und einer recht bitteren Lebenserfahrung entsprach wohl auch die hanseatische Erkenntnis:

„Een Engel up de Straat is'n Düvel in de Kaat."

Das war ja der ganze Jammer, daß man nie recht wußte, was man in der großen Lebenslotterie, Ehestand genannt, an Land zog. Der Vetter unseres hanseatischen Urgroßvaters, in der Schwester-Hansestadt Lübeck zu Hause und recht erfolgreich im Portweinhandel, hatte seine Erfahrungen sogar zur Warnung nachfolgender Generationen über einem Kamin im Ratskeller verewigen lassen:

„Mannich Man lut singet / wenn man em de Brut bringet.
Wüsste he, wat men em brochte / dat he wol lever wenen mochte."

In vielerlei Hinsicht entpuppte sich unsere Frau Urgroßmutter oft nicht als das, was sich ihr Herr Gemahl in seinen Jünglingsjahren erträumt hatte. Und er meinte, er habe gute Gründe, auf den Tisch zu hauen oder auf andere wirksame Art tüchtig aufzutrumpfen. In der zweiten Hälfte des 18. Jahrhunderts, in der das Wort „galant" zu einem Modewort geworden war und französische Flüchtlinge so recht für den Verfall der guten Sitten gesorgt hatten (was von unserem hanseatischen Urgroßvater – soweit es die Frauen betraf – als geradezu revolutionär empfunden wurde), beklagte sich ein Journalist in der Zeitschrift „Hamburg und Altona": „Vor der Revolution begnügten sich unsere Schönen,

Romane zu lesen, jetzt wollten sie sie auch spielen, und sie spielten sie wirklich!“

Andererseits war unser Urgroßvater nicht kleinlich, wenn es um allerlei erotische Extravaganzen unserer Frau Urgroßmutter ging. Die Klugheit gebot, ihr gelegentlich einen kleinen oder auch etwas größeren Seitensprung zu genehmigen. Die Großzügigkeit hielt unserem hanseatischen Urgroßvater immerhin den Rücken frei für eigene Seitensprünge.

„Nicht möglich!“, höre ich einige empörte Leser ausrufen, die immer noch das Wort im Ohr haben, die Hanseatinnen seien allesamt „so ohnegleichen“, und die unsere Frau Urgroßmutter gerade in diesem Punkt aufs heftigste verteidigen möchten. Und sei es auch nur, weil sie sie für viel zu phantasielos halten, um im fremdem Bett Furore zu machen.

Irrtum lieber Leser! Sie machte. Und zwar furios. Wenn sie einem Autor unserer Tage nicht glauben wollen, dann vertrauen sie wenigstens einem Kollegen des frühen 19. Jahrhunderts, der in der Zeitschrift „Hamburg und Altona“ offensichtlich mehr amüsiert als entsetzt höhnte:

> „Die Ehemänner haben nichts gegen die Liebschaften ihrer Frauen. Der Liebhaber der Madam wird von dem Herrn des Hauses liebreich aufgenommen, und die Geliebte des Herrn ist die geheimste Freundin der Frau vom Hause!“

Nur eben: nach außen mußte alles schön diskret zugehen. Das elfte Gebot, das da verlangt, man solle sich nicht erwischen lassen, wurde in Hamburg in hohen

Ehren gehalten! Und wehe, wenn die Dame des Hauses auf frischer Tat ertappt wurde und gar noch Zeugen die Sache herumerzählten!

„De Klock lüüd ik sülven“, sä de Buer
un stott den Köster vun sien Fro,

war die gängige Redensart, mit der ein gehörnter Ehemann verspottet wurde. Manch einer unserer hanseatischen Urgroßväter, der sich nicht entscheiden konnte, ob einer Schwarzhaarigen oder einer Blonden mehr zu trauen sei und der sich dann weise für eine Grauhaarige entschied, hielt sich an die Erkenntnis

„olen Ketel will ook putzt warrn.“

Aber er scheint sehr schnell kuriert gewesen zu sein von dieser Hoffnung. Jedenfalls faßte er seine Erfahrungen in den weitverbreiteten Satz:

„Wo de Düvel nich sülven kümmt,
schickt he ’n ool Wief.“

Und „An ool Hüser un an ool Wiever ist jümmers
wat to flicken.“

Wo er selbst zu leiden hatte, weil ihm der Spaß an der Sache so gründlich verdorben wurde, versuchte sich unser hanseatischer Urgroßvater auf seine Art zu rächen:

Er war immer schnell bei der Hand, wenn es galt, unserer Frau Urgroßmutter irgendein Vergnügen gründlich zu verderben. Wie hatte sie sich immer darauf gefreut, wenn wieder einmal jemand aus der Nachbarschaft das Zeitliche gesegnet hatte; mit welcher begeisterten Anteilnahme war sie im Trauerzug seinem Sarg gefolgt und hatte dabei richtig Staat gemacht. Bis es ihrem Herrn Gemahl zu bunt wurde und er im Rezeß vom 13. Februar 1618 per Ratsbeschluß verkünden ließ, die Sache mit dem Leichenspaß sei nun ein für allemal vorbei. „Nachdem auch der Frauen Nachfolge bei Bestattungen der Leichen viele Inconvenientien mit sich bringt, indem nicht allein die Frauen damit fast einen ganzen Nachmittag oder Morgen zubringen und sich also in ihrer Haushaltung merklich versäumen, sondern auch ihre Kleider im Regen und Ungewitter übel zurichten ... hat E. E. Rath mit der Bürgerschaft vereinbart, daß solche Nachfolge der Frauen bey den Leichen gänzlich aufzuheben und eingestellt werden solle."

Unserer hanseatischen Urgroßmutter etwas zu verbieten (besonders auch in modischen Angelegenheiten) war wohl das lange Zeit bewährteste Mittel unseres Herrn Urgroßvaters, sich seine Angetraute untertan zu machen. Da wurde nicht viel erklärt, sondern schlicht und einfach beschlossen und verkündet nach der Devise:

„Recht hest du", sä de Man to sien Fro,
„man dat Muul schallst du holen."

Die Schublade, aus der unser Herr Urgroßvater solch rigorose Maximen herauszog, trug die Aufschrift „Zucht". Und das war eine Kategorie, die er sehr ernst nahm. Auch für sich und seine männlichen Mit-Hanseaten. Aber besonders für die Frauen. In einem Kompendium des 17. Jahrhunderts hatte unser Urgroßvater den bösen Satz gelesen „ohn Zucht ist eine Frau wie ein geschmückte Sau". Das klang zwar nicht nett, aber man konnte es sich gut merken. Und so hatte er diese Einschätzung zur Grundlage jenes Status gemacht, den man später einmal „Zweierbeziehung" nennen würde. Unsere Frau Urgroßmutter, die sich aus dem bereits zitierten Zustand lebenslanger Unmündigkeit zu befreien trachtete, merkte natürlich, daß die von ihr verlangte Zucht ein Mittel war, mit dem sie ständig unter Druck gehalten werden sollte.

Was war zu tun? Aufzumüpfen lag nicht in ihrer Natur. Also besann sie sich auf andere Waffen, die ihr ihre eigene Großmutter im Zuge der „Aufklärung" hinter vorgehaltener Hand mit auf den Weg ins Leben gegeben hatte. Zauberei zum Beispiel. Eines Nachts war sie zum Galgen auf die Hoheluft hinausgefahren, um am Freitag vor Sonnenaufgang unter dem Galgen eines unschuldig Gehenkten eine Alraune auszugraben. Seitdem trug sie die Wurzel immer bei sich und glaubte fest an die Zauberwirkung: Die Alraune konnte Reichtum verschaffen und unsichtbar machen. Eigentlich hätte das unserer Frau Urgroßmutter schon genügt. Aber sie nahm die Zugabe der geheimnisvollen Wurzel gern noch mit: Krankheiten heilen, Liebeszauber ausüben, Zukunft prophezeien, gegen Blitzschlag schützen, unsere Urgroßmutter unwiderstehlich machen und – nachdem ihr die Unwiderstehlichkeit einen sichtbaren Stempel aufgedrückt hatte – sie in ihrer schwersten

Stunde nach der Zeit guter Hoffnung auch noch beschützen.

Weil „Alrüneken“ bei unserer Frau Urgroßmutter in dem Ruf standen, wahre Wunderdinge zu vollbringen, wollte sie natürlich gern eine besitzen. Da andererseits der liebe Gott nicht allzu viele wundersam gestaltete Wurzeln wachsen ließ, kamen einige ihrer Mit-Hanseatinnen auf die Idee, sie kräftig übers Ohr zu hauen. Wehe aber derjenigen, die sich dabei erwischen ließ. In solchen Fällen verstand unser rechtsprechender Herr Urgroßvater keinen Spaß. Noch im ersten Viertel des 17. Jahrhunderts wurden drei Frauenpersonen gestäupt, weil sie aus Meerrettich geschnitzte Gebilde als Alraunen für viel Geld verkauft hatten. Und weil eine Tracht Prügel nach Ansicht unseres Herrn Urgroßvaters nicht reichte, wurde den drei Betrügerinnen auch noch das rechte Ohr abgeschnitten und zur Warnung und Belustigung an den Galgen genagelt.

Strafe, das war ein altes hanseatisches Prinzip, mußte handgreiflich sein. Einer Hanseatin ins Gewissen zu reden, erschien unserem Herrn Urgroßvater als verlorene Liebesmüh:

> „Ick straf mien Fro mit gode Wür“, sä de Paster,
> dor hau he ehr mit de Bibel öber'n Kopp.“

Was sein mußte, mußte sein!

> „Mannshand hürt boben“, sä de Buer, dor harr he
> sien Fro an de Gördel.

Mit der Gurgel hatte unser Herr Urgroßvater am Ende dann doch wieder alles fest im Griff. Daß es dennoch mit der Zusammenarbeit in puncto hanseatischer Arterhaltung ganz gut klappte – wie sonst hätte es uns, die Urenkel, geben sollen – verdankt unser Ahnherr seiner besonderen Fähigkeit, alles mit Maßen geschehen zu lassen. (Abgesehen von so unappetitlichen Geschichten wie der mit dem abgeschnittenen Ohr!) Aber auch diese Fähigkeit der Mäßigung war auf dem Boden nüchternen Kalküls gewachsen. Denn unser hanseatischer Urgroßvater hatte die Lektion gelernt, die da lautet:

> „Je duller du de Katt striegelst, je höger böört se den Steert."

Und Widerstand war ihm nun einmal lästig!

„Je duller du de Katt striegelst, je hööger böört se den Steert."

VIERTE LEKTION

Von der Kunst des Hanseaten, um des eigenen Vorteils willen seine Mitmenschen zu erkennen. Oder: Wenn de Dübel utgeiht, lett he sien Peerfoot tohus.

Als unser hanseatischer Urgroßvater noch weit davon entfernt war, unser Urgroßvater zu sein, sondern noch als der kleine Melchior oder Johannes in den Gängen herumtobte und darauf wartete, daß die Straßenmusikanten mit ihrem Maestro Pannkoken mal wieder zum Straßentanz aufspielten, hatte er zur Orientierung ein paar einfache Lebensregeln gelernt:

„Kruse Haar un krusen Sinn,
spitze Nääs un spitz dat Kinn,
daar sitt de Düvel sülven in",

sang er laut spottend, sobald ihm jemand begegnete, der auch nur eine dieser physiognomischen Besonderheiten aufwies.

Aber er war damit längst noch nicht am Ende seiner simplen Weisheiten.

„Kulen in Backen – Schelm im Nacken,
Kulen im Kinn – Schelm im Sinn",

war ein anderer griffiger Vers, der unserem Hanseaten vermeintliche Anhaltspunkte für die Beurteilung seiner Mitmenschen lieferte. Es kamen ihm kaum jemals Zweifel, daß der Zusammenhang nicht stimmen könnte. Schließlich hatte unser hanseatischer Urgroßvater sogar die Wissenschaft auf seiner Seite. In einem 1747 erschienenen Buch über die „curiösen" Wissenschaften hatte er gelesen – und wer konnte sich schon wissenschaftlicher Argumente entziehen:

> „Es kan die Physiognomia beschrieben werden, daß sie sey eine solche Wissenschaft, nach welcher man aus den äusserlichen Merckzeichen an den Gliedern des menschlichen Leibes von denen Gemüths-Eigenschaften, Temperament und anderen Zufällen vermutlich urteilen kan."

Da las unser staunender Herr Urgroßvater denn, daß ein großes Haupt auf dickem Hals einen klugen, wahrhaften und getreuen Menschen anzeige, daß dagegen ein kleiner Kopf mit einem langen Hals einen schwachen, boshaften, lasterhaften, zornigen, argwöhnischen und über alle Maßen verschmitzten Menschen verrate. Ein spitzer Kopf gehöre zu einem räuberischen und unverschämten Plauderer, ein breiter und niedriger Kopf gehörte zu einem liederlichen Menschen, ein kurzes und rundes Haupt dagegen lasse Boshaftigkeit und Vergeßlichkeit erkennen.

Wenn unser Herr Urgroßvater sich mit seinen Freunden im Caféhaus traf, um zu „politisieren" – was bei Gott nicht bedeutete, daß er sich mit Angelegenheiten des Gemeinwesens beschäftigte –, dann griff er gern in den hanseatischen Sprichwortschatz, der ihm so handfeste „Orientierungsdaten“ bot, besonders auch für die Beurteilung anderer Menschen.

> „Rode Hoor und Ellernholt wasst op keen goden Grund“,

pflegte er zu sagen. Ob das nun für das Ellernholt, die Erle, zutraf – das wußte er als städtischer Kaufmann nicht so ganz genau, und es war ihm auch ziemlich egal. Bei den roten Haaren aber war er seiner Sache einigermaßen sicher. Die Haarfarbe war nämlich von jeher ein zuverlässiges Indiz für bestimmte Charaktereigenschaften:

> Weiße Haare zeigten eine kalte Natur an, braune einen tiefsinnigen, aufrichtigen und getreuen Menschen, „schwarzliche“ waren das Kennzeichen eines „Cholerico-Melancholici“ und rote Haare – man kennt diese Vorurteile wahrscheinlich nicht erst seit dem Mittelalter und mit Sicherheit nicht nur in Hamburg – mit roten Haaren empfahl sich ein zorniger und heimtückischer Mensch, „weil dieses der Füchse couleur ist“.

Überhaupt scheinen unserem hanseatischen Urgroßvater Vergleiche zwischen Menschen und Tieren eine sehr vernünftige Basis für die Beurteilung der lieben Mitmenschen gewesen zu sein. In der Tat drängen sich ja Vergleiche manchmal auf, ohne daß man es eigentlich will. Da war es dann eine einfache Übung, die vermeintlichen Eigenschaften der Tiere auf die lieben Mit-Hanseaten zu übertragen. In der bereits erwähnten „Anleitung zu allerley Curiösen Wissenschaften“ war zu lesen:

> „Im übrigen ist nöthig, daß man bey der Betrachtung und Unterscheidung des Gesichts wohl in acht nehme, mit was vor einem Thier dasselbige überein komme, weil ein jeder Mensch desjenigen Thieres Eigenschaften an sich zu haben pfleget, dessen Gestalt er im Gesichte repraesentiret.“

Daraus ergaben sich einfache, vor allem aber nützliche Regeln, mit denen unser hanseatischer Herr Urgroßvater sich in Geschäftsverhandlungen ein Bild von seinem Verhandlungspartner zu machen trachtete: Wer mit mittelmäßigem Haupt, schwarz-gelben Augen, einer dicken Nase und einem weiten Maul versehen war, also zumindest eine entfernte Ähnlichkeit mit einem Löwen hatte, galt als edel, kühn, großmütig sowie zum Zorn und Siege geneigt. Wer dagegen etwas große Wangen, eine hohle Nase mit weiten und ausgedehnten Nasenlöchern und dazu noch eine herunterhängende Unterlippe besaß, der mußte sich den Vergleich mit einem Pferd gefallen lassen. Die diesem braven Tier zugeordneten Eigenschaften waren zornig, beherzt, „ruhmredig“, zänkisch, arbeitsam und nicht allzu klug.

Wer das Pech hatte, mit großem Kopf, breiter Stirn, großen Augen, weitem Maul und weiten Nasenlöchern einem Ochsen zu gleichen, der wurde für stark, langsam, faul und ungelehrig gehalten.

Es war schon eine geradezu wissenschaftliche Leistung, die unserem Herrn Urgroßvater abverlangt

... denn es gab kaum ein Körperteil, das sich nicht zum Erkunden von Charaktereigenschaften eignete.

wurde, wenn er sich alles merken wollte; denn es gab kaum ein Körperteil, das sich nicht zum Erkunden von Charaktereigenschaften eignete: Große Ohren als Zeichen eines guten Gedächtnisses, kleine Ohren als Ausweis eines „demüthigen, bißweilen auch betrüglichen, heimtückischen, geilen und wollüstigen „Zeitgenossen". „Haarichte Wangen" als Zeichen eines „dummen oder viehischen Menschen" und eine lange rote Zunge als Beweis „löblicher Sitten und Weißheit".

Weil man unserem hanseatischen Urgroßvater nicht zumuten wollte, ganze Bücher zu lesen, was ihn ja allzu sehr von seinen Handelsgeschäften abgehalten hätte, machten die Redakteure der in der Hansestadt gelesenen Journale ihm die Sache ein bißchen leichter: Sie ließen charakteristische Gesichter zeichnen, aus denen man angeblich die dominierenden Eigenschaften herauslesen konnte. 1852 kam die in Hamburg beliebte „Illustrirte Zeitung" mit einer ganzen Serie solcher Darstellungen aus der „hilfreichen Kunst der Buccomantie", die sich unser Herr Urgroßvater (und wohl auch seine Gemahlin) nicht nur hinter den Spiegel steckte, sondern die er auch zwecks allseitiger Verfügbarkeit im Interesse des Geschäfts in eine Schublade seines Stehpults auf dem Comptoir legte.

Zur Weisheit unseres hanseatischen Urgroßvaters gehörte es durchaus, mißtrauisch zu sein. Nicht nur gegen andere, auch gegen sich selbst, wenn es sein mußte. Vor allem hatte er gelernt, nicht alles zu glauben, was man ihm erzählte. Und etwas mit eigenen Augen gesehen zu haben, galt unter skeptischen Hanseaten noch lange nicht als schlüssiger Beweis.

In einem zur Zeit des Barock erschienenen Büchlein

mit allerlei Anleitungen für ein vernünftiges (und natürlich gottgefälliges) Leben war unser Hanseat höchst eindringlich belehrt worden:

> „Es klaget einer seym Freund / daß man ihn beschuldige / er bleibe manche Nacht bey seiner Liebsten das doch nicht erweißlich / Lieber / sprach der Freund / lasset euch der Leut Rede nicht irren / sie sind so blöd und närrisch / daß sie meinen / wann einer zu Nachts in ein Hauß / und zu Morgens wieder daraus gehe / Er seye die gantze Nacht darinnen gewesen."

Man mußte eben nur die richtigen Argumente bereit haben, und unser hanseatischer Urgroßvater wußte es wohl zu schätzen, wenn sich jemand auf elegante Art herauszureden verstand. „In glatten Aal is slecht 'n Knütten slaan", pflegte er in solchen Fällen zu sagen, und das war sowohl als Warnung vor anderen wie auch als Anregung für das eigene Verhalten zu verstehen.

Mißtrauisch zu sein bot sich unserem Hanseaten reichlich Gelegenheit. Und wo es als wenig fein galt, sein Mißtrauen offen zu zeigen, zog er sich auf eine subtile, aber unverdächtige Art der Gleichgültigkeit zurück. Wenn man ihn darauf ansprach, daß Hamburg schon um die Mitte des 18. Jahrhunderts als Stadt galt, in der das Geistesleben so ausgeprägt war, daß man es sogar andernorten rühmte, schaute er einen mit großen Kaufmannsaugen und ganz unkaufmännisch treuherzig an. Tatsächlich nahm er nicht nur wenig Anteil, es war ihm auch ziemlich egal. Ach ja, da hatte doch so ein verseschreibender Windbeutel mit adligem Namen – wie hieß er doch? – richtig: von Hagedorn oder so ähnlich – ein Lesekränzchen ins Leben gerufen, und Klopstock und Büsch hatten es mit einer Lesegesellschaft versucht. Aber was – bitteschön – ging das einen ehrbaren Kaufmann an? Seine Interessen lagen anderswo. Und da seine Interessen das Leben in der Hansestadt bestimmten, war die Lesegesellschaft bald zu einer „Spielgesellschaft" verkümmert. Damit war denn für unseren hanseatischen Urgroßvater wieder alles im Lot. Manches regelte sich eben durch strenge Mißachtung von selbst, und das Beispiel der Lesegesellschaft zeigte schließlich die Wandlungsfähigkeit des Menschen.

Nicht immer war ja von vornherein klar, mit wem es unser Urgroßvater zu tun hatte „Wenn de Dübel utgeiht", pflegte er zu sagen, „lett he sien Perrfoot tohus." Besonders Fremde waren ihm verdächtig. Nicht, daß er etwas gegen Ausländer gehabt hätte. Aber: „de Butenlüüd hebbt den rechten Verstand nich un se kriegt em ook nich", war das geflügelte Wort, mit dem er seine Vorbehalte gegen die Nicht-Hamburger zum Ausdruck zu bringen pflegte.

Andererseits waren es nicht nur die „Auswärtigen", die abends in den „Klippkrügen" herumsaßen und gelegentlich etwas gegen die Interessen der Stadt (und unseres Urgroßvaters) ausheckten. Auch allerlei Eingeborene waren dabei (natürlich immer die aus den unteren Schichten, gegen die sich unser im Gewürzhandel durchaus erfolgreicher Urgroßvater abzusetzen trachtete). „Jeder hüte sich vor Unlust", mahnten die Stadtväter, und damit war gemeint, man solle keinen Streit anfangen und schön die öffentliche Ordnung wahren.

Da schlechte Sitten auch im alten Hamburg offenbar die Neigung hatten, sich schnell auszubreiten, blieben im Laufe der Zeit auch so vornehme Gesellschaften wie die der England- und Schonenfahrer nicht frei von „Unlust“, die man lange Zeit für unverwechselbare Kennzeichen des Pöbels gehalten hatte. Schlägereien bis hin zur groben Körperverletzung schienen an der Tagesordnung gewesen zu sein. „Man jümmer sinnig“, war die hanseatische Devise, „wenn't sien mütt, mit Gewalt.“

Es gab sogar eine Vorschrift, nach der die während der Mahlzeit benutzten Messer gleich nach dem Essen beim Vorsteher, dem sogenannten Schaffer, abgeliefert werden mußten, damit sie bei der anschließenden Rauferei nicht als gefährliche Waffe dienen konnten.

Bei solchen Bedrohungen war es durchaus naheliegend, daß sich unser Herr Urgroßvater strategische Vorteile verschaffte, indem er nach Kriterien suchte, sein Gegenüber richtig einzuschätzen. Da der Alkohol im alten Hamburg keine ganz unbeträchtliche Rolle spielte, war er dankbar, daß ihm die in der Hansestadt verlegte Zeitschrift „Die Biene“ einige nützliche Hinweise gab.

Ein gewisser Professor Eaton, las er da, halte die folgenden, durch mehrere Beobachtungen über die Wirkung des unmäßigen Genusses geistiger Getränke auf verschiedene Personen erhaltenen Resultate für ganz richtig und zuverlässig: alkoholhaltige Getränke aus Früchten wie Weintrauben, Äpfeln und Birnen haben die Neigung, das Blut nach der Oberfläche hinzutreiben, jene von „mehlhaltigen Samen“ wie Weizen, Reis, Hafer und Gerste dagegen verursachen einen

Rücktritt des Blutes nach dem Herzen", und Alkohol aus grünen Pflanzenteilen wie Zuckerrohr liege in seiner Wirkung zwischen diesen beiden Extremen. Die logische und praktische Nutzanwendung zum Erkennen der saufenden Mitmenschen war diese:

> „Diejenigen, welche Trauben-, Äpfel- und Birnenwein, Branntwein und Ciderbranntwein zu trinken pflegen, haben rothe, fleckige, entzündete Gesichter. Die Liebhaber von Wacholderbranntwein (Gin) und Whisky werden blaß und schwach. Die Rumtrinker stehen zwischen den beiden ausgeführten in der Mitte."

Lieber noch als ins Gesicht hätte unser hanseatischer Urgroßvater seinem Kontrahenten zwecks menschlicher Beurteilung ins Herz geschaut. Oder noch besser dorthin, wo sich nach dem Stand damaliger Wissenschaft Charaktereigenschaften und Begabungen lokalisieren ließen: Die populärwissenschaftlichen Schriften, in die unser urgroßväterlicher Gewürzhändler gern hineinschaute, sofern es dort auch ein paar Bilder zu begucken gab, waren voll von Belehrungen über die „Phrenologie", die auch in Hamburg großes Interesse fand. Unser Herr Urgroßvater las staunend, wo er denn so große Gefühle wie die Heimatliebe oder die etwas kleineren zu seiner ihm Angetrauten verborgen hielt. Und er fragte mit naheliegendem besonderen Interesse, von woher ihm denn wohl sein Zahlensinn die besondere Geschäftstüchtigkeit diktierte. Als er aber merkte, daß sich solche wissenschaftlichen Erkenntnisse im praktischen Leben nicht so recht in klingende

Münze umsetzen ließen, gab er sein Interesse schnell wieder auf. Da schien es ihm dann doch zweckmäßiger, sich auf seinen gesunden Menschenverstand zu verlassen, was immer er darunter verstanden haben mag. Viele jedenfalls, die er insgeheim bewunderte, wenngleich sie nicht seiner sozialen Klasse angehörten, hatten in Hamburg von jeher eine gute Portion dieses gesunden Menschenverstandes, mit dem sie sich erträglich durchs hanseatische Leben schlugen.

Zu denen, die über ein ausgeprägtes Talent verfügten, unserem hanseatischen Urgroßvater so recht in die Gewürzhändlerseele zu schauen, gehörte der „Theaterintendant" Mattler, der in seinem „Elisium-Theater" ein Programm so recht nach dem Geschmack des (zugegeben: niederen) Hanseaten bot. Da wurde sich nicht lange mit Nebensächlichkeiten abgegeben, sondern man kam immer und ziemlich erfolgreich gleich auf den Punkt.

Schillers „Räuber" wurden „gekürzt und verbessert" auf die Bühne gebracht. Und der hanseatischen Abneigung gegen lästige Umwege entsprach es auch, wenn derselbe Mattler als Ausrufer anpries, man spiele heute Goethes „Faust", aber „nur den interessanten Akt, wo Gretchen das Kind bekommt..."

Unserem hanseatischen Urgroßvater bot auch die gekürzte Fassung reichlich Stoff zum Nachdenken. Wenn er nach der Vorstellung gerade noch rechtzeitig vor der Torsperre durch das Millerntor nach Hause schlenderte, kam ihm so manch ein Gedanke, den er sogleich in seine hanseatische Denkweise umsetzte und in den reichen Schatz seiner Lebenserfahrungen einreihte. Was sich das Gretchen da mit diesem hergelaufenen Wissenschaftler namens Faust eingebrockt hatte – na ja, ein Mensch mit etwas Lebenserfahrung wußte eben:

„Je mehr een in de Schiet pett't,
je duller sprütt' em dat um den Ohrn."

Im übrigen konnte man ja gegen die Macht des Schicksals ohnehin nicht ankommen. Es kam eben, wie es kommen sollte, im Guten wie im Bösen. Unser hanseatischer Urgroßvater faßte das in die weise Erkenntnis:

„Wenn dat Glück partu in'n Moors rin will,
dann helpt kenn leddern Büxen."

Die Kunst des Lebens bestand einfach darin, es geschehen zu lassen, sich nicht allzusehr gegen die Umstände aufzubäumen und auch den weniger erfreulichen Ereignissen die beste Seite abzugewinnen:

„Dat gifft Luft", sä de Deern, do kreeg
se twe Kinner up eenmal.

Wer so dachte, konnte beim besten Willen nicht begreifen, wieso Fausts Gretchen so viel Geschrei machte um das eine Balg, das ihr der Doctor angehängt hatte. Und so empfand unser Herr Urgroßvater denn auch eher mit dem Fuchs, dem typisch hanseatischen Fuchs, dem das Schicksal übel mitgespielt hatte und der dennoch in auswegloser Lage seinen Humor nicht verlor:

„Ick glöw hier bliev ick'n beten", sä de Voß,
dor seet he mit'n Steert in de Fall.

Für unseren hanseatischen – an seinen Erfahrungen gereiften – Urgroßvater gab es nur ein einziges Ärgernis: daß es so lange dauert, bis ein Mensch seine Lektion lernt und daß es ihn so ungemein viel Lehrgeld kostet. Wenn er abends unserer Frau Urgroßmutter beim Schein der Petroleumlampe aus dem Journal vorlas, das er zur Erbauung seiner Familie „subscribiret" hatte, und wenn er sie mit all den schaurigen Geschichten vertraut gemacht hatte, die sich in der Welt ereigneten, dann kam es vor, daß er am Schluß der Lesestunde nachdenklich sagte:

„Ja, Mudders, man wart nich ehr weten,
ehr man is half versleten ..."

„Wer lawt warden will, mutt dootblieben."

FÜNFTE LEKTION

Von der Kunst des Hanseaten, Komplimente entgegenzunehmen und anderen wohlverdiente Beschimpfungen angedeihen zu lassen. Oder: Kuhlenpedder, Knubbenbyter und schulsche Bütten.

Mit den Komplimenten – das gilt nicht nur für die hanseatischen – ist das eine verteufelte Sache: Wer sie verteilt, weiß ganz genau, daß Komplimente natürlich mehr ein gesellschaftliches Ritual sind als ernstgemeinte Lobesbezeugungen. Wer sie dagegen empfängt – und das mag ein- und dieselbe Person sein – ist felsenfest von der unbedingten und in keiner Hinsicht anzuzweifelnden Ehrlichkeit des Komplimenteverteilers überzeugt. Die Kunst besteht darin, im richtigen Augenblick das Richtige zu glauben oder glauben zu machen: In Hamburg erreichte diese Kunst in der Form der „äußeren Standeserhöhung" zwischen dem 17. und 18. Jahrhundert einen unübersehbaren Höhepunkt. Die Geistlichkeit brachte es zu einer wahren Meisterschaft, bei kirchlichen Aufgeboten für jeden Berufsstand schmückende Formeln zu erfinden, die von den Betroffenen als ihnen selbstverständlich zustehende Komplimente aufgefaßt wurden. Eine „viel ehr- und tugendsame Braut", das war natürlich etwas Respekteinflößendes, obwohl unter dieser Bezeichnung nichts weiter als die zukünftige Frau eines Arbeiters oder

Tagelöhners ins rechte Licht gesetzt wurde. Ein Soldat wurde als ehr- und mannhaft gehandelt, ehrenwohlgeachtet, wohlachtbar und ehrenfest war der Handwerker. Der Offizier wurde als ehrbar und mannfest bezeichnet, ein Kapitän – so etwas zählte in Hamburg – galt als hochedel und mannhaft, seine Braut erhielt das Attribut ehr- und tugendbelobt.

Kaufleute waren nicht nur für die Steuereintreiber, sondern auch für die Komplimentemacher schwer einzuschätzen; die Skala ihrer Belobigungen reichte deshalb von ehrenfest und ehrenwohlgeachtet (bei bescheidenem Einkommen) bis wohlehrenfest und vorachtbar (bei etwas gesunderen Bilanzen). Die Braut eines Kaufmanns erfreute sich der Charakterumschreibung „wohledel". Am besten traf es die Juristen, die die Hamburger mit der Erkenntnis bedachten: ‚Dat wüllt wi wol kriegen', sä de Afkaat, dor meen he dat Geld.

Beim Komplimente-Einheimsen kamen die Advokaten gut weg. Ihnen standen Attribute zu wie hochedelgeboren und hochgelehrt oder auch wohlehrenfest, vorachtbar und rechtswohlgelehrt. Seine Jungfer Braut durfte sich verbaler Wertschätzung wie „großehr- und tugendreich" erfreuen. Die Tochter eines Ratsherrn dagegen brachte es in der Olympiade der Eitelkeiten auf „hochedel, groß-, ehr- und tugendbegabt". Sie wurde eigentlich nur noch vom Geistlichen übertroffen, der sich von seinen Kollegen im Aufgebot als „wohlehrwürdig, in Gott andächtig und hochgelehrt" titulieren ließ.

Sogar der Henker hatte noch Anspruch auf die vielsagende verbale Beigabe „ehrsam und handfest", und damit stand er immer noch besser als die Braut, der bei einem gelegentlichen erotischen Ausrutscher die Jungfräulichkeit abhanden gekommen war. Sie wurde im Aufgebot nur schlicht als „Verlobte“ bezeichnet, und da wußte denn alle Welt gleich mal Bescheid, daß die Dame, und sei es auch nur durch einmaligen Gebrauch, ziemlich wertlos geworden war.

Kein Wunder, daß unseren hanseatischen Urgroßeltern an einer guten Beurteilung durch den Herrn Geistlichen lag. Oft, so berichtet der Historiker Ernst Finder, hatten sie sich ihre Ehrentitel erschlichen.

Was sollte der arme Pfarrer auch machen? Er konnte schließlich nicht wissen, was der liebe Gott wußte. Und auch zur Zeit, als unsere hanseatischen Urgroßeltern ihre ersten erotischen Gehversuche machten, gab es in Hamburg allerlei dunkle Winkel, in denen sich heimliche Erfahrungen sammeln ließen.

Kam die Sache dann allerdings heraus, dann wurde es peinlich. „Boot sitten“ war eine von der Kirche verordnete öffentliche Strafpredigt, bei der die Betroffenen Buße („Boot“) tun mußten. Man darf wohl annehmen, daß wenigstens an solchen Tagen die Kirche gerammelt voll war...

Apropos Kirche:

Auch der liebe Gott bekam sein Fett. Besonders in den Trinkstuben aber auch in den Häusern der Bürgersleute wurde immer wieder kräftig geflucht und die Gotteslästerung so weit getrieben, daß der Rat schließlich nicht nur in Kneipen, sondern auch auf den regelmäßigen öffentlichen Lustbarkeiten, den Högen, sowohl das Fluchen und Lästern als auch das Kartenspielen verbieten mußte.

Wenn es darum ging, bildhafte Begriffe für die lieben

Mitmenschen zu prägen, die nur selten zu Komplimenten gerieten, war unser hanseatischer Urgroßvater außerordentlich phantasiereich. Oft waren es Spottbezeichnungen, die sich an körperlichen Eigenarten orientierten. Ein hinkender Mensch, der sich so fortbewegt, als träte er immer mit einem Fuß in einen Graben, mußte sich einen „Kuhlenpedder“ nennen lassen, war er dabei auch noch ein wenig dick geraten, beehrte man ihn mit der lapidaren Feststellung: „Scheve Been un vulle Pansen – lehrt siendaag nich richtig danzen.“ War dieser Mensch ein wenig kurz geraten, dann umschrieb ihn eine zarte Anspielung als „eenen korten Pluck“. Eine Dame von kurzer Statur hatte in diesem Fall Anspruch auf die freundliche Anrede als „Krup-Höneken“. Die Antwort der Dame auf ein solches wenig schmeichelhaftes Kompliment war angemessen: „Beter kleen un kregel as'n groten Flegel.“

Es gibt Leute, deren Gesicht sogar noch in ernsthaften Situationen ein geradezu penetrantes Grinsen zu verraten scheint. Weil diese unserem Urgroßvater nicht sonderlich sympathisch waren, schmückte er sie mit dem Spottnamen „Gryn Aap“. Auch bestimmte Charaktereigenschaften lieferten eine handfeste Begründung für Spottnamen. Einen in seinen verbalen Äußerungen derben Menschen – und davon gab es in Hamburg weiß Gott nicht wenige – nannte man „eenen olen Knubbenbyter“; wer dazu noch zänkisch war, hieß „Bullen-Byter“. Ein „Knakenbyter“ dagegen war ein etwas älterer Mann, der sich noch einmal verliebt hatte. Ging er dabei langsam zu Werke, war er ein „Dryselmatz“, stellte er sich dabei widersinnig an und wollte immer anders als die Dame, dann nannte ihn Volkes

Stimme einen „Dwarsdryver". Gab er sich dagegen als das, was man zweihundert Jahre später einen Softie nennen würde, dann rief man ihn im alten Hamburg einen „Pipperling". Jemand, der sich als „Praatjenmaker", als Schwätzer, bei Besuchen festklönte und nicht nach Hause finden konnte, der also geradezu an seinem Stuhl klebte, war ein „Backors". Und wenn er dabei gar noch dem Hausherrn den besten Rotwein wegtrank, war er ein Saufpriester, „een Brandewyns-Pape".

Benahm er sich dabei auch noch unanständig, so war er mit der Bezeichnung „Putt-Farken" eigentlich ganz gut bedient; denn das Idioticon Hamburgense bezeichnet so einen „säuischen unfläthigen Menschen".

Genießen wir noch ein wenig die phantasiereiche Lautmalerei, die hanseatische Beschimpfungen so anschaulich und überzeugend machen: Ein Halsabschneider – und davon gibt es unter Kaufleuten reichlich – war ein „Kehlsteker", und dagegen war ein „Büdelrümer", ein Falschspieler, noch ein richtig anständiger Kerl. Einen Schmeichler und Schönredner nannte man einen „Glattsnacker", ein pessimistischer Nörgler war ein „Suerpott", und wen man als unmäßigen Trinker beschimpfen wollte, der war schlicht ein „Supors" oder „Duhn supen". Jemand, der die Weisheit nicht mit Löffeln gegessen hatte, mußte sich die Ehrenbezeichnung „Döskopp" gefallen lassen (wobei das eigentlich ganz freundlich klang, denn dösen ist die plattdeutsche Bezeichnung für träumen). Wenn jemand allzu tölpisch daherredete, war er ein „Flubberer". Aber das war immerhin noch besser als ein „Schubbejack", was mit „Lumpenhund" zu übersetzen wäre. Und „Afschümels" gar waren erzliederliche Bösewichte.

Bleiben uns nur noch ein paar Beschimpfungen von literarischer Qualität zu erwähnen, wobei auch hier die Grenzen zwischen Kompliment und Beleidigung verschwimmen. Erinnern Sie sich noch an Christian Buddenbrook, den leichtsinnigen und vergnügungssüchtigen, den Thomas Mann einen „ziemlich wüsten Suitier" nannte? Die Hamburger haben daraus (weil ein hanseatisches Maul sich nur höchst widerwillig nach dem Französischen formt) den „Zwutscher" gemacht. Es meint exakt dasselbe wie Thomas Manns Suitier.

Nicht weit davon entfernt führt der „Pantaljoner" ein fröhliches Leben wie nicht einmal Gott in Frankreich. Ein „Pantaljoner" – das war auf Hamburgisch der die jeweils am 28. Juli stattfindende Sommer-Lustbarkeit um St. Pantaleon so recht Genießende.

Was man für hanseatische Bosheiten hielt, war oft nichts anderes als ein mißglücktes Kompliment. Was eigentlich gut gemeint war, kam so unglücklich heraus, daß man es – wenn man es nicht gewohnt war, mit der „Unbehülflichkeit" unseres hanseatischen Urgroßvaters zu leben – als handfeste Beleidigung auffassen konnte. Vergleiche gerieten nicht immer zu dem, was sie eigentlich sein sollten. Ein treffliches Beispiel ist aus dem frühen 18. Jahrhundert überliefert und soll hier – zur Warnung an nachfolgende Generationen – unrezensiert weitergegeben werden:

> „Es wolte einer bey einem Wirthe Schweine kauffen, und alß er zu der Thür hinein gange, begegnet ihme deß Wirths Tochter, eine schöne Dirne: bey dieser wolte er feyne Liebes-Höflichkeit anbringen, verneigete sich und sagte: Wann euch

die Schweine gleich sehen, meine Jungfrau, so müssen sie wol schön sein."

Wenn Beleidigungen als solche gemeint waren, hörte sich die Sache ganz anders an. Jedenfalls verfügte unser Herr Urgroßvater über ein weitgefaßtes Repertoire an fein abgestuften Verbalinjurien, die auf den ersten Blick nicht als Beleidigungen zu erkennen waren. Ein Beispiel aus der Börsenarena: Ein Kaufmann entdeckt einen ihm nicht bekannten Börsianer auf dem Parkett und fragt einen Kollegen, wer das sei. Der antwortet: „Das ist Herr Rodewald, in Firma Rodewald & Co., Familie seit über hundert Jahren in Hamburg." Darauf der nunmehr Aufgeklärte geringschätzig: „Aha, auf der Durchreise!"

Leute „auf der Durchreise" mußten sich vor unserem hanseatischen Urgroßvater in acht nehmen. Sie gehörten nicht zur akzeptablen Gesellschaft; denn sie waren ja „Butenlüed". Und über diese Spezies sagten die Hamburger aus voller Überzeugung: „De Butenlüed hebbt den rechten Verstand nich un se kriegt em ook nig." Und wenn sie noch eins draufsetzen wollten, sagten sie von einem „Butenminschen": „He hett so veel Verstand as een dreebeende Buck."

Frauen waren nicht ausgenommen von den zweifelhaften Komplimenten unseres hanseatischen Urgroßvaters. Ein unmanierliches Frauenzimmer trug den Ehrennamen „schulsche Bütte". Ein zwar appetitliches aber in puncto Moral nicht so ganz kleinliches Mädchen war eine „allemanns Hoore", die „een Leven in't Nedder-Hembt" führte, also ein Leben im Unterhemd, was eine feine hanseatische Umschreibung für ein vie scandaleuse war.

Wer sich darauf beschränkte, nur kratzbürstig und sonst ganz anständig zu sein, die nannte unser hanseatischer Urgroßvater liebe- aber auch respektvoll eine „Kley-Katt“. Eine „Sluntje“ dagegen war ein außerordentlich nachlässiges Weibsbild, und eine „faule Schleppschwester“ gar mußte sich „Slammatje“ schimpfen lassen. Was eine faule Schleppschwester ganz genau ist, darüber geben die Wörterbücher unseres hanseatischen Urgroßvaters keine Auskunft, es sei denn, man wollte sich mit dieser zufriedengeben: Die Admiralsbrücke, 1665 von der Herrlichkeit über den Stadtgraben gebaut, wurde vom Volk „Slamatjenbrücke“ genannt, weil „die Mägde, Waschweiber und ander Gesindel allda viel Geplauder zu halten pflegten.“ Manch eine „Schludersche“ wird dabeigewesen sein. Und das war eine Hanseatin, die von ihrem weiblichen Vorrecht, sich ausgiebig dem Klatsch hinzugeben, extensiven Gebrauch machte. Besonders die „Wochenvisiten“, die Besuche bei Wöchnerinnen, waren ein reines Schluder-Dorado. „Es geht in Hamburg bei solchen Besuchen unter den Weibern viel vor“, schreibt ein Autor des 17. Jahrhunderts, „das zu beschreiben ganz unmöglich. Die ganze Stadt und was darinnen ist, was im Rathause, an der Börse, auf Kanzeln und in den Häusern geschieht und geredet wird, kommt in ihre Mäuler und wird daselbst kleingehackt.“

Was dem Autor namens Sperling zu beschreiben ganz unmöglich war, das hatte ein Karikaturist sehr treffend gezeichnet und an der Börse aufgehängt: Drei mustergültige Exemplare unserer ehrenwerten Frau Urgroßmutter waren zum „Kindertreck“ erschienen; hinter ihnen stand grinsend der Teufel, und darunter stand die

Aufforderung: „Scryf, Düwel, scryf." Irritiert fragt der Teufel: „Was scall ick scrywen?" Darauf der Spötter: „Wat disse wiwer mit Pludern bedrieven!" Da muß selbst der Teufel passen: „Dat kann de Düwel sulfst nich all bescriven!" – Eine überzeugende Bankrotterklärung vor der Hanseatin!

Auch andere hatten bei ihr keine Chance. Zum Beispiel diejenigen, die sie vom Alkohol fernhalten wollten. Und das aus gutem Grund:

Unsere hanseatischen Urgroßmütter müssen trinkfreudige Damen gewesen sein. Der 1712 erschienene „Curieusen-Antiquarius" hätte sonst wohl kaum Veranlassung gehabt, seine Leser über die „Sauff-Drosseln" zu belehren, „wie man insgeheim diejenigen liderlichen, versoffenen Weiber, so dem Trunk ergeben sind, zu nennen pflegt". Auch Zechschwestern, Branntwein-Bullen oder Zipp-Schwestern waren gängige Bezeichnungen für allzu trinkfreudige Damen. Was nun keineswegs den Eindruck erwecken soll, als hätten die Männer nicht kräftig mitgehalten!

Aber alkoholisierte Damen wurden immer ein bißchen komischer gefunden als Männer in derselben Situation. Man verspottete sie dann schnell als „oles Postür", eine komische oder lächerliche Figur, mit der man „Kinner to Bedde jagen" sollte. Besonders wenn sie sich in dieser Lage auch noch als „Zanzel", als streitsüchtiges altes Weib, entpuppte. Jedenfalls hatte sich die Dame, die wir unsere hanseatische Urgroßmutter zu nennen uns verkneifen wollen, weit von dem Kompliment entfernt, das ihr einst ein verliebter Hanseat gemacht hatte, indem er ihr zuflüsterte, sei sei „smuck as een Dompopp". Gemeint waren damit die Spielzeugpuppen, die auf dem Weihnachtsmarkt verkauft wurden.

Am dicksten waren die Komplimente, die man posthum verteilte. Das hatten alle begriffen und stöhnten: „Wer lawt warden will, mut dootblieben.“ Die Trauerdanksagungen – mit denen sich die Prediger wegen des zu erwartenden Honorars viel Mühe gaben – waren so dick aufgetragen, daß der Rat 1732 beschloß, „der zunehmenden Eitelkeit Einhalt zu tun“. Fast ein halbes Jahrhundert später mußte er noch einmal nachfassen: „Überschwenglichkeiten und Titularien“ sollten abgeschafft werden, aber unser hanseatischer Urgroßvater ließ sich Zeit, diese ihm so ans Herz gewachsene Beweihräucherung aufzugeben. Schließlich würde er selbst eines Tages an der Reihe sein, und da wollte man der Nachwelt schon ein paar freundliche Worte über sich hinterlassen...

Vor allem wünschte er für sich ein pompöses Leichenbegräbnis, an dem – wenn es nur irgendwie einzurichten war – möglichst viel Prominenz teilnehmen sollte: Bürgermeister, Ratsherren, Geistliche, Medizinmänner, Lizentiaten oder die Lehrer des Johanneums wurden gern genommen. Und weil die oft weder Grund noch Lust hatten, an der „Leichenfolge“ teilzunehmen, wurde ihrer Lust mit einer finanziellen Spritze gehörig auf die Beine geholfen. Damals waren Politiker noch bestechlich! Ein Sittenkritiker bemerkt in der ersten Hälfte des 18. Jahrunderts, daß „Staats-Perüquen“ für Geld zu haben seien. Für viele der ärmlichen Gelehrten war „Leichengehen“ oft die einzige Einnahmequelle.

Wenn niemand bereit war, unseren hanseatischen Urgroßvater durch Komplimente gehörig aufzuwerten, half er selbst schon mal ein bißchen nach, getreu dem Motto: fremde Federn schmücken auch. Auch wenn er selbst immer seinen Status als überzeugter Republikaner hervorkehrte, in manchem versuchte er adligen Leuten „von außerhalb" nachzueifern. Jedenfalls gibt es keinen Grund, die Bewertung des reiseschriftstellernden Baron v. Pöllnitz in Frage zu stellen, nach der sich hamburgische Kaufleute auf ihren Reisen gern als holsteinische Adlige ausgaben und mit dem selbstgemachten Ritterschlag und ihrem Geld ganz unanständig herumprotzten.

Nur von der mit weltlichen Gütern weniger gesegneten Mittelschicht weiß Ernst Finder zu berichten, sie sei noch im 18. Jahrhundert genügsam, friedfertig, ordentlich, gefällig und sparsam gewesen. Erst gegen Ende des Jahrhunderts stiegen die Ansprüche bis zu der bereits erwähnten Genußsucht und dem Hang zur Völlerei.

Manchmal gab die berufliche oder gesellschaftliche Stellung Anlaß zu zweifelhaften Komplimenten. Ein armer Graduierter, der trotz aller Gelehrsamkeit vor Hunger nicht in den Schlaf kommen konnte, mußte sich von seinen verständnislosen Mithanseaten einen „Doctor-Dünnemantel" schimpfen lassen. Auch „Steert-Vadder" war alles andere als ein freundliches Lob. Es bezeichnete nämlich den letzten unter den drei zum Gevatter, also zum Paten, Gebetenen. Da der bei der Taufe den schlechtesten Platz am Fußende des Kindes zugewiesen bekam, verspottete man ihn mit eben dieser Bezeichnung.

Nicht immer hatten hanseatische Beschimpfungen diesen Anflug von liebevoll verpacktem Humor. Wenn ganz offensichtlich auch Sozialkritik in den Spott einfloß, konnte die Sache schon sehr böse klingen: Auf einem Leichenbegräbnis, so berichten die „Annales hamburgenses“ von 1599, wurde die Geistlichkeit von einem „Hauffen Carnaillen“ mit den Worten „Naer hell, naer hell“ beschimpft. Soweit ich sehe, ist diese Aufforderung, die Herren sollten sich gefälligst zur Hölle scheren, die erste schriftlich überlieferte Beschimpfung Hamburgs.

Wesentlich milder, aber keineswegs immer ganz gesellschaftsfähig waren die Spottgedichte, mit denen sich die unteren Stände gegenseitig ihren Mangel an Wertschätzung bekundeten. Besonders in Handwerkskreisen sagte man sich die Meinung ziemlich deutlich. Der Leser möge die Ausdrucksweise verzeihen, aber wir dürfen uns nicht an der historischen Wahrheit vorbeidrücken: So war er nun einmal, unser hanseatischer Urgroßvater; und wie er war, so redete er auch. Die Bauhandwerker standen von jeher in dem Ruf, nicht besonders schnell zu arbeiten. Deshalb sagte man ihnen nach:

Wat de Muurlüüd doot:
Een Stunn muurt se un een Stunn luurt se;
een Stunn meet se un een Stunn freet se;
een Stunn snackt se un een Stunn kackt se.

Solche Komplimente waren natürlich nur auf Platt möglich. Den vermeintlich gebildeteren „Hochdeutschen“ wäre ein solcher Spruch im Hals steckengeblieben. So mag denn für viele dieser Lebensweisheiten gelten, was der Historiker Lappenberg für die in Hamburg üblichen mittelalterlichen Hochzeitsgesänge herausgefunden hatte: „Man verwendete sie (die niedersächsische Sprache)..., zumal man darin ungeniert Wendungen gebrauchen zu dürfen glaubte, die hochdeutsch niederzuschreiben die wenigsten gewagt hätten."

Aber auch in der hochdeutschen Sprache blieb reichlich Spielraum, den lieben Mitmenschen die Meinung zu sagen. Auch wenn es eine unfreundliche Meinung war!

Mit Beschimpfungen war unser hanseatischer Urgroßvater immer schnell bei der Hand. Am schlimmsten trieb er es in den Kaffeehäusern. Da zog er bis in die Nacht hinein vom Leder. Nicht nur gegen den Tischnachbarn, sondern noch mehr gegen „die da oben", also gegen Rat und Geistlichkeit. Bei Meinungsverschiedenheiten geriet man sich gehörig in die Haare. „Allerhand Händel, liderliche Gezänke und Hader" beobachtete ein aufmerksamer Chronist, und die Folge waren gelegentlich auch Duelle.

Aber eben nur gelegentlich; denn eigentlich lag unserem hanseatischen Ahnherrn mehr daran, sich mit anderen zu vertragen. Auch nach einer handfesten Beleidigung. „Verglieken un verdragen is beter as verklagen", war eine in jahrhundertelanger Kaufmannstradition gewonnene Erkenntnis. Und selbst, wenn am Ende nicht so viel herauskam, wie man sich eigentlich erhofft hatte, sagte man sich in wohlerwogener hanseatischer Genügsamkeit: „En magern Verdrag is beter as'n fetten Prozeß!"

Auch unsere ehrenwerte Frau Urgroßmutter war nicht frei vom Laster des Trinkens.

SECHSTE LEKTION

Von der Kunst des Hanseaten, mäßiges Essen zu vermeiden und unmäßiges Trinken zu fördern. Oder: Geduld överwinnt Swiensbraden.

Das vielzitierte Wort Heinrich Heines, nach dem die Kauwerkzeuge zu den bestausgebildeten Körperteilen des Hanseaten gehören, könnte zu dem Irrtum führen, die Hamburger hätten zum Essen nur eine quantitative Beziehung. Oder – möglicher Irrtum Nummer zwei – die kulinarischen Genüsse dieser Stadt seien von solcher Konsistenz, daß man sie ohne scharfe Zähne und kräftige Backenmuskeln nicht bewältigen könne.

Heine selbst hat zwar später klargestellt, die Sitten in Hamburg seien englisch und das Essen himmlisch... aber wir alle wissen ja, wie das so geht: gesagt ist gesagt, und manches bleibt dann als Vorurteil hängen.

Zunächst einmal: Der Hunger der Hamburger wurde sogar wissenschaftlich begründet, amtsärztlich gewissermaßen; denn der Stadtphysikus Dr. Rambach schrieb, die Nähe des Meeres befördere den Appetit und die feuchte Luft mache eine nahrhafte Kost erforderlich.

Zur gleichen Zeit notierte Ferdinand Beneke recht bissig, die Eßlust der Hamburger sei aus dem fehlgeleiteten, aber an sich vernünftigen Trieb nach Beschäftigung entstanden. Wenn man nicht vom Gang der

Geschäfte redete, sprach man vom „Ossenbraden" und ein Kritiker nannte Hamburg treffend „Stomachopolis", die „Magenstadt". Daß es am Ende beim Essen langweiliger zuging als bei den langweiligen Abendgesellschaften, hat uns der Chronist Merkel verraten, den man zu einem Hamburger Diner eingeladen hatte. „Man aß, schlürfte, tunkte den Inhalt von vierzig Schüsseln aus", schreibt er, „trank fast zu jeder Speise einen anderen Wein, aber der Geist des Cypers, des Burgogners und Champagners war, seine Wirkung auf Nasen und Wangen abgerechnet, verloren, ein überzeugender Beweis, daß er wohl Witz und Lebhaftigkeit anzuregen, aber nicht einzuflößen vermag. Unverscheuchbar brütet der Uhu der trockensten Langeweile über der Gesellschaft."

Welch Wunder. Was Herr Merkel ironisch eine „Schüsselandacht" nennt, machte für den Hamburger ja gerade den Reiz des Essens aus, der auch darin bestand, sich durch nichts – und schon gar nicht durch geistvolle Unterhaltung – stören zu lassen.

Essen und Trinken waren unverzichtbare Bestandteile hanseatischer Weisheit und damit ein wichtiger Gegenstand der Erziehung. „Freters ward nich boren, de ward uptrocken", war die Erkenntnis, die diesem Teil der Pädagogik zugrunde lag. Mancherlei auf allgemeine Lebenssituationen zugeschnittene Redensarten hatten ihren Ursprung in der hanseatischen Lieblingsbeschäftigung. Meinte man, jemand solle sich in Geduld üben und eine Sache nicht zu schnell aufgeben, dann hieß es: „En mutt den lepel nich ehr daalleggen, ehr dat 'n satt is." Jemand, bei dem Arbeitsleistung und Hunger in keinem ausgewogenen Verhältnis standen, war einer, „de lever mit de Tähn as mit de Hannen flietig“ ist.

Wollte man andeuten, jede Handlungsweise habe ihre berechenbaren Konsequenzen, dann sagte man (mit Verlaub): „Wer veel hackt, de veel kackt“, oder auch nicht gerade feiner: „wer veel itt, de veel schitt“. Überhaupt müssen wir bei der Aufarbeitung unserer urgroßväterlichen Lebensweisheiten betreten zur Kenntnis nehmen, daß die Fäkalsprache als beliebtes Verständigungsmittel galt. Nicht nur in Redensarten, auch im Zusammenhang mit der Nahrung selbst war man nicht zimperlich. Noch vor einem halben Jahrhundert war es üblich, eine bestimmte Art von Schmalzgebäck als „Förtchen“ oder pikanter als „Nonnenfürzchen“ zu bezeichnen.

Wie immer, wenn unser hanseatischer Urgroßvater ironische Selbsterkenntnisse in Worte faßte, verlegte er die Handlung aufs Land: „Dat Gesicht mag ’ck lieden, sä de Bur, dor stell de Kööksch ’n Swienskopp op’n Disch.“

Reichlich gegessen wurde in Hamburg immer, auch ohne entschuldigenden Anlaß. Aber ganz besonders eifrig gab sich unser hanseatischer Urgroßvater samt Anhang der Völlerei am Weihnachtsabend hin, was dem Festtag denn auch den bezeichnenden Namen „Vullbuksabend“ einbrachte.

Auch die vielgerühmte „Gartenlust“ des Hamburgers, die Leidenschaft für Vorstadtidyllen und seine Bereitschaft, für einen „Landsitz“ viel Geld auszugeben, reduzierte sich bei genauem Hinsehen auf die Freude, in angemessener Umgebung viel zu essen und zu trinken. Der Domherr Meyer hat sich darüber ziemlich geärgert, zumal der Vorstadtgarten unseren hanseatischen Urgroßvater davon abhielt, am Sonntagmorgen die Kirche zu besuchen. Meyer beschwert sich in seinen 1728 veröffentlichten „Skizzen": „Sie fahren hinaus, essen und trincken, spielen in Karten und kommen so wieder herein. Des Morgens schlafften sie, schlurfen einen Thee und kleiden sich an. Des Mittags ists ihnen zu heiß: sie müssen speisen und Mittags-Ruhe halten. Auf den Nachmittag wird Caffee getrunken und können sie kaum mit den bêten (gemeint war das Kartenspiel) zu Ende kommen. Des Abends währet die Mahlzeit fein lange, und hernach fällt entweder schon der Thau, oder es ist einen auch bereits zu kalt."

Zwar hat unser wohlweiser Rat des öfteren Rezesse „gegen den Übermut der Gastereien" erlassen, aber wenn es um die eifrige Benutzung der Kauwerkzeuge ging, hat sich unser hanseatischer Urgroßvater nun mal keine Vorschriften machen lassen. Selbst der später eingesetzte „Köstenkieker", der die Einhaltung der Vorschriften bei großen Gastereien zu überwachen hatte, war in seiner Arbeit nicht sehr erfolgreich. Wahrscheinlich hat man ihn immer eingeladen und kräftig mitessen lassen. So liegen denn vermutlich jene Kritiker hanseatischer Lebensfreuden nicht ganz falsch, die in den Lobliedern auf die Gärten vor der Stadt eine Art ideologischen Überbau für profane Freßlust gesehen haben. Spöttisch reimte ein Literat des 18. Jahrhunderts:

> „Vom Schmausesaal, vom goldnen L'hombreti-
> sche lockt Philomel umsonst sie ins Gebüsche."

Was war es denn, das unseren hanseatischen Urgroßvater so ohne jede Anfechtung am Tisch hielt? Zum einen der bereits erwähnte Ochsenbraten, den zu verspeisen unserem Hanseaten geradezu als Ritual galt. Aber es gab darüber hinaus eine Reihe von Spezialitäten, die den Tisch auf originelle Art bereicherten: Milchsuppe mit Zwiebeln zum Beispiel, Rosenbrei aus frischen Rosenblättern, Eiern und Mehl, „Wynken-Brodt", ein in gewürztem Wein eingeweichtes Röstbrot.

Auch in den Hamburger Häusern, in denen keine Dienstboten den Tisch deckten, wurde gut gegessen, und die Hausfrau verstand sich auf allerlei kulinarische Kunststückchen, die sie aus Kochbüchern auswendig gelernt hatte. Darüber hinaus besaß sie ein gutes altes Familienstück mit dem Titel „Auserlesene Künste für Frauenzimmer". Darin fanden sich praktische Anregungen, zum Beispiel für die Kunst, „eine magere Henne in einer Viertelstunde fett zu machen". Das ging so: „Nimm eine magere Henne und ausgebratenes Hühnerfett, gieße davon der Henne, so viel du kannst in den Hals, thue sie hernach in ein Gemach, jage sie darinnen so lange herum, bis sie erhitzt zu Boden fallt, alsdann legt sich das eingegossene Fett zwischen Haut und Fleisch, schneide ihr alsbald die Gurgel ab ... so tauget sie zu essen."

Unsere hanseatische Urgroßmutter stand ihrem Herrn Gemahl in einem Punkt, dem des Essens nämlich, nicht nach. Allerdings wurde sie von einer 1741 in Hamburg gedruckten „Neuen woleingerichteten Frauenzimmerapotheke" zur Mäßigung aufgefordert: ihre Fasern, hieß es da, seien durchgängig weicher und zarter als bei Mannspersonen, der Umlauf ihrer Säfte geschehe langsamer und die Hitze sei bei ihnen geringer. „Daraus fliesset die Regel, daß sie weniger, und von etwas unverdaulichen Speisen nicht so viel als Leute von unserem Geschlecht, essen sollen.“

Eine solche Belehrung schien durchaus angebracht; denn die Freßsucht der Hanseatinnen machte nicht einmal vor dem Kindbett halt. Alle Frauen der Nachbarschaft strömten zusammen, sobald sich die Kunde verbreitete, unsere Frau Urgroßmutter sei „entweibraken“ – so feinfühlig umschrieb man damals die Entbindung – und veranstalteten in der Wochenstube ein üppiges Festgelage, an dem sich auch die Kindbetterin eifrig beteiligte. Schließlich mußte man wieder zu Kräften kommen, um sich auf die nächste Schwangerschaft vorzubereiten. Außer den Aufwendungen für die Ausschmückung der Wochenstube, entstanden dem Hausvater erhebliche Kosten für Wein, Klaret (Lautertrank), Konfekt und Zuckerwerk.

Sechs Wochen später wurde noch einmal ein solcher „Frittup“ veranstaltet, bis es unserem gestrengen und auf seinen Geldbeutel achtenden Herrn Urgroßvater zu bunt wurde, und er seinen im Rat sitzenden Vetter bat, für Abhilfe zu sorgen. Der ließ sich das nicht zweimal sagen – schließlich kam auch seine eigene Frau wieder gerade einmal in die Wochen – und verordnete, daß nicht mehr als zwölf Frauen auf einmal an einer solchen Genesungsfeier teilnehmen durften. (In der Ratsverordnung war die Rede davon, daß durch die völlig überflüssigen Ausgaben die Eltern auch „bey ihrer Tochter Aussteuer mit nicht geringen Kosten beschweret“ würden. Solch einem vernünftigen Argument – finanzielle Argumente sind immer vernünftig – beugte sich unser Herr Urgroßvater gern.)

Bevor wir uns hanseatischer Freude am unmäßigen Trinken widmen, wollen wir noch einen Blick auf die Tischsitten werfen, die oft Grund zu Beanstandungen gaben. Immerhin: Eines hatte unser inzwischen arrivierter Herr Urgroßvater schon dazugelernt seit der ersten Tischunterweisung, die ihm der Schulmeister Christoph Achatius Hager hatte zuteil werden lassen und deren wichtigste Maximen sogar 1616 als Druck erschienen waren. Darunter Anweisungen, die einen Hauch davon vermitteln, wie es an hanseatischen Tafeln zugegangen sein mochte:

> „Schmatz nich wie eine Sau über dem Essen, dieweil du issest, kratz dein Häupt nicht, fege auch nicht die Butzen aus der Nasen, wirff auch die Beine (Knochen) nicht unter den Tisch, damit von den Hunden ein Scharmützel entstehe, und die Beisitzende einen Verlust haben."

Auf das Trinken verstand sich unser hanseatischer Urgroßvater nicht schlechter als auf das Essen. Manchmal sah man ihm das auch an. „He süht uth, as wenn he de Höll blaset hadd", sagte man von Leuten, die das hatten, was man in unserer Zeit eine „Hochdruckbirne" nennt. „He supt as eene Yle" – er säuft wie ein Egel – war ein geflügeltes Wort. Der ewige Kreislauf des natürlichen wurde so beschrieben: „Silber in der Tasche wird Gold in der Flasche. Gold im Glase wird Kupfer in der Nase."

Zwar wußte unser hanseatischer Urgroßvater, daß Trinken mit gewissen Risiken behaftet war, nicht nur für die Seele („De Kroog is den Düvel sien Beedhuus"), sondern auch fürs Geschäft („Dör de Kehl kann veel“, sä des Schipper, dor harr he sien Dreemastbark versapen). Und er wußte auch, daß manche seiner Mit-Hanseaten dabei auf der Strecke blieben (In’n Snapsglas versuupt mehr as up de hoge See“). Die Folge war klar: „En swaren Kopp un’n leddigen Büdel gaht meist tohoop“.

Auf der anderen Seite hatte unser Urgroßvater gute Gründe, ab und zu “up’n Kinn to holen“, wie er das Trinken nannte; denn „Kummer in Kööm un Konjack höllt sik beter“. Aber abgesehen davon, gab es fürs Trinken den besten aller Gründe, den unser Ahnherr in die Worte faßte: „De Lüüd snackt jümmers vun dat vele Drinken, avers nienich vun den groten Dörst.“

Wenn es darum ging, einen Vorwand für das Saufen zu finden, war unser hanseatischer Urgroßvater phantastisch. Sogar medizinische Gründe mußten herhalten, und sie lieferten die besten Argumente, die man sich vorstellen kann. Über den in Hamburg beliebten „Franzwein“; ein Roter, der zur Renaissance-Zeit in Mode kam, urteilte ein Kenner, „he adelt dat blodt, stercket dat bregen, vorklaret das gesichte, scherpet de Sinne und vornunfft des minschen, maket hübsche reine varwe“.

Ähnliches behauptete man vom vielgerühmten Hamburger Bier, von dem einem „der Stein nicht leicht wächst“ und „das haeupt nicht wehe thut“. Allerdings nur, wenn maßgehalten wird. „Wenn mans auff einmahl so viel gebraucht, daß es übern Hauffen wirfft“, warnt Hamburgs Bier-Lobpreiser Heinrich Knaust, „so machts böß Geblüth und schlechte Farbe. Fürnemblich wenn das Schwein im Koth fält. Deßwegen gedenkt

Christophorus Brunnerus vom Bier und sagt: Man soll zu sehen, daß nicht allein der Durst gelescht, sondern auch der Leib gestärkt und die Gesundheit befodert werde. Wenn das in acht genommen wird, so wird man das Bier, welches eine grosse Gabe Gottes ist, in grösseren Würden halten, und nicht also Heydnisch einsauffen. Wie können wir nun dem großgütigen GOTT genug dafür danken, daß Er uns an diesem Ohrt einen solchen schönen und gesunden Trunk aus der Elbe mittheilet!"

Als Hamburgs im Mittelalter blühende Brauwirtschaft in die Krise geriet, gewann der Wein zunehmend an Beliebtheit. Allerdings entwickelten die Hanseaten an der Elbe einen eigentümlichen Geschmack. Zwar wurde reichlich „rhynschen Win" getrunken, daneben gab es die „heten wine", auch Bastart genannt, eine Art Mischung aus Muscateller und Rosinenwein. Aber ganz besonders liebte unser hanseatischer Urgroßvater den „Ludderdrank", den geläuterten Trank, oder auch „Yppokras", was eine mundartliche Konfiszierung des griechischen Hippokrates ist und auf eine gesundheitliche Wirkung hindeuten soll.

Es sind Rezepte überliefert, nach denen im Yppokras mindestens folgendes enthalten war: Zimt, Kardamom, Nelkenköpfe, Muskatblüte, Ingwer, Paradieskörner, Safran, Zucker und Honig.

Auch was die Qualität des Hochgeistigen betrifft, nahm es unser Urgroßvater nicht so genau. Der Branntwein, den er in sich hineinkippte, war nur selten von der allerbesten Sorte.

Was unseren hanseatischen Branntweintrinker nicht gerade auf der Stelle erblinden ließ, galt als für den menschlichen Genuß geeignet. Liebevoll nannten die Hamburger das Gesöff „Dreedraht“, „Finkeljochen“ oder „Mürensweet“.

Weniger liebevoll ging Pastor Schuppius von St. Jacobi mit dem Getränk und seinen Konsumenten ins Gericht. 1650 beklagte er sich, daß die Leute, bevor sie in die Kirche gehen, erst einmal nach dem Branntwein schickten, und „unleidlich zuwider“ war ihm der Schnapsdunst, wenn er sich den Weg auf die Kanzel in der überfüllten Kirche bahnen mußte und dabei von den Schäfchen seiner Gemeinde angehaucht wurde.

Auch unsere ehrenwerte Frau Urgroßmutter war nicht frei vom Laster des Trinkens. Vor dem Kirchgang nicht und nicht einmal bei so überaus ernsten Verrichtungen wie dem „Auffleien“ der Leichen, das heißt: die Verstorbenen einzukleiden und zu schmücken, ließ unsere hanseatische Ahnfrau vom Alkohol. Das war auch der Grund, daß man ihr die bei dieser Tätigkeit lange Zeit gewährte Erfrischung eines Tages verweigerte. Die Damen hatten sich in fröhlicher Runde allzu sehr an der Weinflasche festgehalten, und das war denn doch nicht das rechte Fundament für eine Betätigung, die doch immerhin ein Minimum an sittlichem Ernst erforderte.

Je mehr der Alkoholismus um sich griff, desto mehr bemühten sich die Autoren von „Lebenshilfe“-Büchern, die Sache herunterzuspielen oder doch wenigstens schwachen Trost zu spenden. Die Frauenzimmer-Bibliothek von 1757 klärte ihre Leserinnen beiläufig auf:

„Je allgemeiner die Trunkenheit heutzutage ist, je mehr hat man Ursache, das Verderben unserer Zeiten in diesem Stücke zu beweinen. Indessen muß die Gewohnheit, welche die empfindlichsten Sachen mildert, dieses Uebel einer Frauen um so viel erträglicher machen, daß sie das Unglück, einen versoffenen Mann zu haben, mit so vielen gemein hat."

Hundert Jahre später nahm man die Sache nicht mehr auf die leichte Schulter. Wie ein harmloses Schlückchen nach und nach zur Katastrophe werden konnte, entnahm unser Urgroßvater seinem „Illustrirten Kalender von 1850". Wir möchten unserem Leser die Geschichte zur Belehrung und Ermahnung nicht vorenthalten. (Siehe Seite 89–96)

Genützt haben solche Ermahnungen offenbar nicht viel. Im Gegenteil. Damit unser hanseatischer Urgroßvater immer einen unverfänglichen Grund hatte, beim Saufen kräftig zulangen zu können, erfand er die Sitte des Zu- und Bescheidtrinkens: Wenn man einem in der Gesellschaft zuprostete, war es eine Ehrenpflicht, mit gleicher Menge nachzuziehen. Wer sich weigerte, verletzte die Spielregeln und beleidigte seinen Zutrinker. Er hatte also die Wahl, sich hoffnungslos vollaufen zu lassen oder Auslöser einer Rauferei zu sein.

Erst später wurden Verordnungen gegen derartige Auswüchse erlassen und auch die Stunde festgelegt, zu der das Gelage zu beenden war. Auch solche Vorschriften hatten einen sehr praktischen Hintergrund: Unser Herr Urgroßvater legte verständlicherweise allergrößten Wert darauf, daß die Handwerksgesellen am nächsten Morgen pünktlich und einigermaßen nüchtern zur Arbeit erschienen. Es sei denn, es handelte sich um den „blauen Montag".

Warum unser Ahnherr die Lust am Saufen so erfolgreich kultiviert hat, mag viele Ursachen haben. *Eine* Theorie jedoch – die von Ferdinand Beneke – erscheint mir besonders vernünftig und eben deshalb mitteilenswert. Er meinte nämlich, die Hamburger hätten deshalb einen unbändigen Hang zu hitzigen Weinen, um „den abrabatzten Freßmagen" gehörig zu erregen.

So diente denn das Trinken letztlich einem sehr edlen Zweck: dem, mehr essen zu können! Und dieses Ziel ließ sich unser hanseatischer Urgroßvater manch eine Mühe wert sein; denn „Geduld överwinnt Swiensbraden".

SIEBTE LEKTION

Von der Kunst des Hanseaten – insonderheit der Hanseatin – sich durch allerlei Tricks ein Ansehen zu geben. Oder: Wer sick to nix maakt, de is ook nix!

„Jeder gilt so viel, als er sich gelten macht", hatte ein Literat der „Illustrirten Zeitung" 1846 in einem Essay über die Hamburger bemerkt und scharfsinnig hinzugefügt: „Ein schöner Ball, glänzende Säle, gute Bewirthung, gleicht schon mancherlei aus, und so kann auch der reiche Kaufmann, der sonst weiter nichts ist, als ein reicher Kaufmann, eine recht gewälte und recht zahlreiche Gesellschaft bei sich sehen. Ist nun dieser reiche Kaufmann sogar ein Senator oder bekleidet er sonst eine bedeutende Stellung, und giebt er gute Gesellschaften, dann wird ihm das Talent mit vollem Rechte für den fehlenden Adel angerechnet."

Darauf kam es an: So tun als ob war die Kunst, mit der sich unsere braven hanseatischen Urgroßväter aus dem Strudel hanseatischer Bedeutungslosigkeit herausstrampelten. Da mußte man der Welt schon mal etwas vormachen und vielleicht auch sich selbst.

„Wer sik to nix maakt, de is ook nix",

hatte er schon frühzeitig gelernt. Und als er ein paar Jahre älter geworden war, pflegte er es noch präziser auszudrücken:

„De sick as Schiet rekent, warrt as Schiet hollen!“

Die Kunst, „sich ein Ansehen zu geben“, verlangte von unserem hanseatischen Urgroßvater vor allem, sich in der richtigen Gesellschaft zu bewegen. Es gab zwar noch keine albernen Gesellschafts- und Klatschspalten in den Zeitungen, aber es gab doch schon bestimmte Zirkel, in denen das, was einer tat, mit großer Anteilnahme (oder doch wohl mehr Neugier) zur Kenntnis genommen wurde. Die seit 1677 in Hamburg bekannten Kaffeehäuser (nach London und Marseille hatte die Hansestadt das dritte Kaffeehaus in Europa) galten als Geheimtip für Leute, die durch Sehen und Gesehenwerden Karriere machen wollten. Vor allem kam es darauf an, sich dadurch aufzuwerten, daß man mit allen möglichen Leuten, die in der Gesellschaft etwas galten, höchst vertraut umging, damit ein wenig von ihrem Glanz auch auf die eigene Person falle. Meistens ging es gut. Weil alle das Spiel spielten, respektierten auch alle die Spielregeln. Nur wenn es einer gar zu schlimm trieb, mußte er sich schon mal mit der feinen Anspielung verspotten lassen:

„Vondoog hebbt wi fein speelt, sä de Balgenpedder to'n Organisten.“

Und wenn man deutlicher werden wollte, pflegte man zu sagen:

„Dat steit em an, as der Hore dat Spinnen“,

„Vondoog hebbt wi fein speelt", sä de Balgenpedder to'n Organisten.

womit gemeint war, daß nun jemand gänzlich ins falsche Fahrwasser geraten war.

Die vielgelesene Zeitschrift „Der Patriot“ empfahl – und es ist nicht auszumachen, ob in völligem Ernst oder mit einem ironischen Unterton – aufstrebenden jungen Männern: „Gehe fleißig in die allerberühmtesten Kaffee-Häuser und trachte einen guten Freund zum Bekannten zu haben, der dich in die unterschiedlichen geschickten Versammlungen führe, die öfters in solchen Häusern gehalten werden.“

Nebenbei gesagt: Man konnte in solchen Häusern auch ein paar Runden gepflegt zocken, was zu den größten Leidenschaften unseres Herrn Urgroßvaters gehörte. Wer sein Ansehen zu steigern trachtete, mußte sich in der Kunst des L'hombre und Whist verstehen, wie es 200 Jahre später zum guten Ton in der Möchtegern-Society gehörte, beim Backgammon eine gute Figur zu machen.

Auch vor verbotenen Glücksspielen wie dem aus England herübergekommenen „Royal Oak“ schreckte unser hanseatischer Herr Urgroßvater nicht zurück. Zeitgenössische Berichterstatter wundern sich darüber, wie unser Uropa immer wieder auf jene hereinfiel, die sich besser als er auf die Kunst, „sich ein Ansehen zu geben“, verstanden und ihn dann gehörig ausnahmen: „Viele sind Spieler von Profession, die unter Grafen- und Baronentiteln hier den Fremden auflauern, um sie in ihr Netz zu locken.“

Das Spiel diente keinesfalls nur der Unterhaltung und seichtem Vergnügen. Unser hanseatischer Urgroßvater schätzte auch durchaus den Gewinn, den man damit erringen konnte, wenngleich er als nüchtern kalkulierender Hanseat wußte, daß seine Chancen begrenzt waren. Wenn aber einmal Fortuna ihr Füllhorn über ihn ausschüttete, konnte er sich auch mit neugewonnenem Reichtum in die feine Klasse der Besitzenden einreihen. Was übrigens noch nicht der ganz feinen Klasse der von hanseatischer Geburt Besitzenden entsprach. Das Glück in Geschäften zählte, die Art des Geschäfts spielte eine untergeordnete Rolle. Als der Domherr Meyer 1802 seine „Skizzen zu einem Gemälde von Hamburg" entwarf, notierte er:

> „Wer seine Wechsel zahlt, heißt hier ein ehrenwerter Mann, eine wohlgefüllte Wechseltasche ist das höchste Kostüm, ist die Eleganz selbst, den Wechselkurs gut berechnen zu können, Glück in Geschäften zu machen, heißt Talent und Geist haben, an der Börse eine Rolle spielen, heißt der Ehrenstellen Höchste bekleiden: denn an diesem Hofe des Plutus wird Ansehen und Achtung nur nach Mark Banco angeschlagen."

Zwar warnt uns ein Autor unserer Tage, Siegfried Lenz, eindringlich davor, im Hanseaten nur einen wachsamen Duzfreund Merkurs und gar milden Verächter der Bildung zu sehen. Aber die Warnung kann sich eigentlich nur auf das Wörtchen „milde" beziehen.

Gelehrte – ganz gleich welcher Fachrichtung – waren unserem hanseatischen Urgroßvater zu allen Zeiten suspekt. Der Bremer Philosophieprofessor J. Smidt machte darüber im Jahr 1800 seinem Ärger in dem von ihm herausgegebenen Magazin Luft: „Auch wollen viele bemerken, daß man in unseren Zeiten in Hamburg bei den meisten Kaufleuten die achtungsvolle Rücksicht vermisse, mit welcher sonst... der sogenannte Gelehrtenstand von seinen Mitständen behandelt wurde, und daß diese immer mehr mit einer Art von Verachtung auf die Gelehrten herabsähen, jemehr sie glaubten, in ihren Nebenbeschäftigungen denselben Grad von wissenschaftlicher Ausbildung zu erreichen, dessen Erreichung diese ihre Hauptbeschäftigung widmen." Der Herr Professor holt dann – vielleicht aus verletzter Standesehre – zum großen Rundumschlag aus: „Ich gebe ferner zu, daß gewissen Menschenklassen eine charakteristische Art der Arroganz eigen sey – ich gebe zu, daß diese bei Kaufleuten (besonders bei dem ungebildeten Theile derselben) oder besser, bei reichen Privatleuten (mit der nemlichen näheren Bestimmung) vorzüglich widrig, ekelhaft und lächerlich sey."

Für einen vermeintlichen Gebildeten, der diese Überlegenheit über unseren hanseatischen Urgroßvater allzu auffällig zur Schau stellte, hatte dieser im unvergänglichen Schatzkästchen seiner Lebensweisheiten einen Satz parat, mit dem er den zu gebildet daherredenden Mit-Hanseaten der Lächerlichkeit preisgab:

„Je grötter de Oss, je grötter dat Mul."

Als besonders ärgerlich empfand er, daß Leute, die gelehrt waren (aus der Sicht unseres urgroßväterlichen Gewürzhändlers bedeutete dies: vollgestopft sein mit unnützem Wissen), damit auch noch Geld verdienen wollten. Den sichtbaren Ausdruck seiner Verachtung schrieb er seiner Tochter als nicht ganz ernstgemeinten Rat ins Poesiealbum:

„Mien Dochter, wenn du freen wullt, so nimm di
enen Papen – de kann sien Brot mit Snack
verdenen, so kannst du lange slapen."

Lange schlafen konnte sie vermutlich auch, wenn sie mit einem wohlhabenden Gewürzhändler verheiratet war. Vor allem aber konnte sie bei ihm ihr ausgeprägtes Repräsentationsbedürfnis stillen. Zwar pflegte man in Hamburg gern anzumerken, daß Staatmachen wohl eine Ehre für die Welt, aber eine Schande für den Geldbeutel sei. Nur: das Geld spielte zeitweilig überhaupt keine Rolle, wenn sich unsere hanseatischen Urgroßväter ins rechte Licht setzen wollten. Sie neigten sogar zu derart maßlosen Übertreibungen, daß sogar die Obrigkeit eingreifen mußte, um dem Treiben ein Ende zu bereiten.

In der zweiten Hälfte des 17. Jahrhunderts verordnete der Rat, „daß keiner hinkünftig seinen Wagen auswendig ganz oder zum Theil vergulden, versilbern oder mit metallenen Blättern belegen, noch mit Sammit-, Leinen- oder dergleichen Plüß ausfüttern, noch die Pferde mit gestrickten Decken belegen lasse."

Solche Anordnungen hatten durchaus einen von staatsmännischer Weisheit geprägten Kern; denn nach Ansicht unseres hanseatischen Urgroßvaters wurde durch solchen Übermut nicht nur Gottes Zorn erweckt. Damit wäre man schon fertiggeworden. Schlimmer war „der Benachbarten Haß und Mißgunst", die ja immerhin Unruhe ins Volk bringen konnten und damit auch die Stellung unseres in der Politik aktiven Herrn Urgroßvaters gefährdete.

Hanseatischer Weisheit entsprach es auch, beim

Gesetzeverordnen nach Politikerart sich selbst möglichst von den eigenen Regeln auszunehmen. Als eines Tages im Jahre 1699 Kutscher und Pferde mit einer Steuer von 50 Reichstalern belegt wurden, fielen ausgerechnet Ratsmitglieder, Oberalte und in der Hansestadt residierende Minister nicht unter dieses Steuergesetz.

Oft war der Hamburger Rat gezwungen, einen waghalsigen Drahtseilakt zwischen dem Verbot übertriebener Repräsentation und der ausdrücklichen Ermunterung dazu zu vollziehen.

Nicht jede Art der Selbstdarstellung entsprang nämlich dem persönlichen Repräsentationsbedürfnis unseres Herrn Urgroßvaters. Manchmal wurde er auch durch Ratsbeschluß dazu gezwungen. (Überflüssig zu sagen, daß er hier ausnahmsweise einmal die Anordnung seiner Regierung umgehend befolgte!). Zu Beginn des 18. Jahrhunderts veranlaßte der Rat eine alljährliche festliche Schaufahrt, einen Korso, auf den Alleen vor dem Steintor. Hier bot sich endlich Gelegenheit, sich – gewissermaßen zwangsweise – dem staunenden Volk zu präsentieren. Da wurden dann die prächtigen Karossen herausgeholt (wie seit langem im Winter die Schlitten), die Pferde geschmückt und auch die Frauen. Unsere hanseatische Urgroßmutter liebte es damals, sich französisch herauszuputzen. Wie überhaupt französische Lebensart so lange als das non plus ultra der feinen Gesellschaft galt, bis Napoleon selbst mal mit seinen Truppen vorbeikam und unseren hanseatischen Urgroßvater samt Anhang zu der Einsicht brachte, daß es so weit mit der Lebensart der Herrschaften aus Frankreich auch nicht her war. Fortan galt „französisch“ als ziemlich „glitschig“ oder lasziv, wie man in besseren Kreisen auf französisch zu sagen beliebte. Was das bedeutete, darüber hatte man in Hamburg ziemlich festumrissene Vorstellungen:

„Dat nimmt sik fransch uut“,
sä Hans un kneep de Deern in’n Schinken.

In dem großen Gesellschaftsspiel „Sehen und gesehen werden“ spielte der Jungfernstieg eine Hauptrolle. Er war 1665 angelegt worden und galt unserem Urgroßvater zunehmend als eine Art „Balzkorso“.

Dort traf man Mitglieder „aller Stände“, die auch das Bedürfnis hatten, sich angucken zu lassen. Die etwas feineren kamen allerdings lieber etwas später, wenn sich die Reihen der Lustwandelnden schon lichteten. Der Chronist Griesheim beobachtete vor 225 Jahren: „Was vornehm in abgeredeter Gesellschaft beyderley Geschlechts ist, kommt Abends vor neun Uhr selten hin; denn das Gedränge ist zu stark von der Populace, die sogar mit ihren schwarzen Tabackspfeiffen Parade machen, dessen sich auch das Weibsvolk oft bedient.“

Auf dem Jungfernstieg wurde reichlich gelästert über die lieben Mit-Hanseaten, und als später der Alsterpavillon eröffnet war, konnte man die Lästerparaden sogar im Sitzen genießen. Es mußten ja nicht immer so geschliffene Lästereien sein wie die des Herrn Heine, dem die vorüberziehenden Damen und Herren allesamt wie Zahlen vorkamen und der unter den vorüberrollenden Nullen manch einen alten Bekannten erkannte. Wenn sich jemand besonders auffällig in Szene setzte und gar noch einen „Hakken-Kyker“, einen ihm nachfolgenden Diener, im Schlepptau hatte, konnte sich unser Urgroßvater nicht die ironische Bemerkung verkneifen:

> „Kannst di dreihn as du wullt, de Steert blifft
> jümmers achtern!“

Auch im Winter, wenn man zur Schlittenfahrt auf der zugefrorenen Alster rüstete, wo der Spaß auch mehr auf der gesellschaftlichen Seite lag, gab es reichlich zu lästern. 1748 schwang sich sogar ein Vetter unseres hanseatischen Urgroßvaters auf den Pegasus (was für einen Hamburger seines Standes schon einige Selbstüberwindung kostete) und reimte:

> „Will jemand Kluge unter Thoren
> Und Männer unter Kindern sehn,
> Der darf nur nach der Alster gehn,
> Da wird aus bloßer Lust gefroren.“

Überflüssig zu sagen: Die Kleidung spielte bei dem Versuch, sich „ein Ansehen“ zu geben, eine entscheidende Rolle. Dabei wußte man, daß sich damit allerlei Blendwerk verrichten ließ und sich manch einer mittels seiner Kleidung zu unrecht über andere zu erheben versuchte.

„Swien blifft Swien“, sagte man dann, „ook wenn't in Samt un Sieden geiht.“

Ein wenig neidisch blickte unser hanseatischer Urgroßvater immer auf die reichen Vierländer Bauern, die zu festlichen Anlässen so recht Staat zu machen verstanden und ihren Reichtum in Form silberner Trachtenknöpfe mit sich herumtrugen. Das war nicht nur respekteinflößend, sondern auch praktisch. Wenn nämlich so ein Bauer beim Spiel im Wirtshaus kein Geld mehr hatte, legte er einfach seine wertvollen Silberknöpfe auf den Tisch, er ließ sich also „etwas abknöpfen". Deshalb hatte sich auch in Hamburg die Redensart eingebürgert „he hett Knööp", wenn man meinte, daß jemand einiges in der Schatulle hatte.

Über die Putzsucht der hanseatischen Frauen zum Zweck, ihr Ansehen zu heben, ist viel geschrieben worden und wir wollen hier keine weiteren Beweise für ihre Eitelkeit erheben. Aber wir wollen ihnen insofern Gerechtigkeit widerfahren lassen, als wir festzustellen haben, daß auch unser hanseatischer Urgroßvater keineswegs frei war von dieser Unart, sich ungebührlich herauszuputzen. Im Hamburger Modejournal von 1804 beklagt ein Autor die neue Mode der weiten Hosen, die unsere wackeren Hanseaten so übertrieben haben sollen, „daß man jetzt geradezu zu einem Paar so vieles Tuch braucht, als sonst zu zwei Paaren vollkommen hinreichte." Der Kritiker des Modejournals fühlte sich verpflichtet, an die Hamburger Elegants eine ernstliche Warnung ergehen zu lassen, damit sie nicht am Ende einer verärgerten Geistlichkeit in die Hände fallen sollten, die von jeher „gegen alles, besonders aber auch gegen Moden zu eifern für ihre Pflicht hielt".

Daß solch übertriebene Putzsucht nicht nur bei der niederen Spezies des homo hamburgensis verbreitet war, wird durch die Literatur hinreichend belegt. In einem Brief an seinen Sohn aus dem Jahr 1685 ermuntert Bürgermeister Schulte diesen geradezu, indem er ihn wissen läßt:

„Unter deßen ist sein gewesener Commendeur Fendrich Kirchoff diese tage bei Mihr gewesen und hat Mihr einen Grueß von Dir Mittgebracht, sagte, daß Du vnd Dein Compagnon weren in Ihr Schiff gewesen und Du bei guten Leibeß constitution Dich befundest, auch von statur lenger werest alß Ich, auch eine Perruque zugeleget hettest welcheß Mihr sonderß lieb zu vernemmen war, vnd empfing er für die gute relation etzliche gläser Wein, etc."

Nur an der Börse zählten andere Maßstäbe, strengere, versteht sich. In der Commerzbibliothek wird ein Manuskript aufbewahrt, das von einem gewissen Joh. Matthias Hasse berichtet, der am 24. Februar 1783 „wegen eines angehabten neumodischen Haarbeutels von der Börse retiriren mußte". Und weil bekanntlich wer den Schaden hat auch noch vom Spott seiner lieben Mitmenschen getroffen wird, wurde bald das Spottgedicht eines unbekannten Verfassers im Börsensaal belustigt herumgereicht. Unter anderem war da zu lesen:

„Denn unterm Hut, da stach heraus,
Man konnt es nicht begreifen,
Es sah fast wie ein Knüppel aus
Und oben waren Schleifen.

Und unten hing ein Quästlein dran,
Wie man es trägt am Hute,
Die Form von diesen ganzen Kram
War wie ein Kräuter-Tute."

Unser hanseatischer Urgroßvater war für Spott dieser Art durchaus empfänglich und hielt sich den stattlichen Bauch vor Lachen. Dieser Bauch war keineswegs ein seine Erscheinung schmälerndes Attribut. Im Gegenteil! Man hielt sich an die in einem biedermeierlichen Kompendium verbreitete Maxime: „Eine ziemliche Länge und Stärcke des Leibes machet dem Menschen ein Ansehen, und stehet sonderlich denen Gewaltigen und Hohen in der Welt wohl an."

Wer nicht den Vorzug hatte, zu den Gewaltigen und Hohen in der Welt zu gehören, wußte die äußeren Statussymbole gleichwohl zu schätzen und faßte das in die hanseatische Erkenntnis „as dat Amt, so de Buuk."

Das war für den Hanseaten eine Art Naturgesetz. Wenn er es aussprach, schwang da nicht etwa ein Hauch von Ironie mit und es klang schon gar nicht so etwas wie Neid auf „die da oben" durch. Im Gegenteil.

Man wußte: „Öbern groten Mors hürt 'n grote Büx", und man akzeptierte das.

Andererseits hatte unser hanseatischer Urgroßvater – als mäßig erfolgreicher Gewürzhändler konnte er es sich leisten – ein gerüttelt Maß an Selbstbewußtsein. Dieses zu verletzen empfand er als unanständig. Die gelegentliche Arroganz der Arrivierten hatte ihn die Erfahrung machen lassen: „Je höger de Aap stiggt, je mehr wiest he den Mors!"

Wenn unsre Herr Urgroßvater alle Karten ausgereizt hatte, mit denen sich sein Ansehen erhöhen ließ, warf er als besondere Trumpfkarte die Hanseatin, unsere ehrenwerte Frau Urgroßmutter, ins Gefecht. Und damit fuhr er gar nicht so schlecht. Denn sie verstand sich auf allerlei Tricks, ihr Aus- und Ansehen zu verbessern.

Schon als junges Mädchen hatte sie sich eingehend damit beschäftigt und aus einer barocken Frauenzimmerbibliothek erfahren:

> Verfälschte Jungfer-Schafft. Heißet / wenn die Jungfrau dasjenige / was durch allzu frühe Abbrechung ihrer Blume verlohren gangen / durch allerhand Mittel und Wege wiederum zu ergäntzen suchen."

Leider erfahren wir nicht, *wie* das im einzelnen zu geschehen habe, aber – auch das gehörte zu den hanseatischen Lebensregeln – alles mußte ja auch nicht verraten werden. Sonst wäre unser hanseatischer Urgroßvater ihr auf die Schlicht gekommen, was ihrem Ansehen zweifellos geschadet hätte. Er wußte ja bereits (aus demselben Buch), daß sie ihr Äußeres mittels eines Pudermessers verschönerte, über das zu lesen war: „Puder-Messer, ist ein Messer von Gold, Silber oder Elfenbein, das vom Frauenzimmer und von gewissen Mannspersonen gebraucht wird, den Puder von der Stirne und den Backen hinweg zu streichen, damit der Contour das Toupet desto besser erscheine."

Und er hatte auch mitbekommen, was es mit dem venetianischen Wasser auf sich hatte:

Nämlich:

> „Venetianisch Wasser.
>
> Ist ein aus Citronen / eyern / zerhackten Hammel-Füßen / Zucker-Cand / Melonen / Citrollen und Borax destilliertes und abgezogenes Wasser / wor-

mit sich das frauenzimmer / um im Gesichte
schön und appetitlig zu bleiben / zu waschen
pfleget."

Mußte unser hanseatischer Urgroßvater da auch noch wissen, daß sich die Dame seines Herzens heimlich mit dem Hundefänger traf, weil nur er ihr eben jenes Hundefett besorgen konnte, das – äußerlich angewandt – für eine geschmeidige und ansehnliche Fassade sorgen sollte?

Gehen wir diskret darüber hinweg und lassen der Hanseatin ihre kleinen Geheimnisse, mit der sie die Welt blendete.

Wie heißt es doch so treffend?

„Wer sick to nix makt, de is ook nix!"

Und wer sich zu etwas gemacht hatte, der wußte, daß sein Ansehen, das er genoß, doch keinen anderen Menschen aus ihm machen konnte.

„Wat to'n Swienstrog uuthaut ist",
sagte er einsichtig und nachdenklich zu sich
selbst,
„dat ward miendaag keen Vigelien."

Wenn er nicht sich meinte, sondern die anderen, dann klang seine Lagebeurteilng wesentlich unfreundlicher:

„Schiet blifft Schiet – un wenn dat in de Braatpann kümmt."

… daß er sich einstweilen lieber an seiner Pfeife als an einer Ehefrau wärmen wolle.

ACHTE LEKTION

Von der Kunst des Hanseaten, sich trotz ärztlicher Fürsorge einer guten Gesundheit zu erfreuen. Oder: Fuul un lecker is goot für'n Afteker.

Geld auszugeben war von jeher eine der Tätigkeiten, die unserem hanseatischen Urgroßvater am wenigsten gefiel, es sei denn, es diente seinem Vergnügen. Dem Geld, das man dem Apotheker bringen mußte, war zwar oft das größte aller hanseatischen Vergnügungen – die extensive Freßsucht – vorangegangen, aber die Ausgabe für den Pillenmann schmerzte dann schließlich noch mehr als der verdorbene Magen.

Andererseits mußte erst einmal viel Wasser die Elbe und viel mehr Portwein die Speiseröhre runterlaufen, bis die Gesundheit unseres wackeren hanseatischen Urgroßvaters ernsthaft gefährdet war. Schließlich hatte er ganz gut vorgesorgt und sich dabei auf allerlei überlieferte Mittel zum Wohle des Körpers verlassen.

Zu seinen vortrefflichen medizinischen Weisheiten gehörte die Erkenntis, daß der Aderlaß ein wirksames Mittel nicht nur gegen den Schlagfluß, Masern und Blattern sei, sondern auch gegen Kolik, Zahnschmerzen und sogar Krätze. Vor allem aber sollte der Aderlaß das Blut nach besonders unmäßiger Lebensweise verdünnen. Und da unser Herr Urgroßvater immer unmäßig lebte, war immer ein Aderlaß-Bedarf vorhanden. Nur richtig mußte man's machen: Die Astrologen gaben Hilfestellung; denn die Stellung der Gestirne und des Mondes waren für den Erfolg eines Aderlasses wichtig.

Bevor sich unser Herr Urgroßvater anschickte, kräftig „to laten", was er als gesundheitsbewußter Familienvater bis zu viermal im Jahr machte, kaufte er sich einen Kalender, in dem ein Aderlaß-Männchen abgebildet war, an dem sich die jeweils günstigste Zeit ablesen ließ. Außerdem mußte das abgezapfte Blut in fließendes Wasser gegossen werden, damit der zur Ader Gelassene kein Fieber bekomme. Noch besser war es, das Blut den Schweinen zu trinken zu geben; dadurch sollten die Krankheiten unseres Herrn Urgroßvaters von ihm genommen und auf die Tiere übertragen werden.

Es ist noch gar nicht so lange her, daß man ernsthaft daran glaubte, sich seine Wehwehchen auf diese höchst kostensparende Art vom Hals und anderen Körperteilen zu schaffen. Gute Ratschläge dieser Art, die von Generation zu Generation weitergereicht wurden, standen hoch im Kurs. Ganz im Gegenteil zu denen, die mit wissenschaftlich-wichtiger Miene für Verbreitung sorgten. Neben den Pastoren waren die Ärzte immer wieder Zielscheiben des hanseatischen Spottes. Welche Prioritäten spezifischer Künste unser hanseatischer Urgroßvater setzte und welche Rangordnung in der Hierarchie ehrbarer Berufe er der Heilkunst zubilligte, zeigt der Ausspruch: „De Kunst stiggt jümmer höger, unt'n Dokter ward'n Kröger." Es muß wohl zu bestimmten Zeiten in Hamburg mehr angebliche Medizinmänner gegeben haben als Gastwirte. Niemand überwachte das Treiben der Heilkünstler, und noch 1835 beschwerte sich die „Medizinische Wochenschrift":

„Es ist möglich, daß in anderen gut policirten Staaten hin und wieder Charlatane und Afterärzte unbemerkt und unbeachtet ihr Wesen treiben, nirgends aber wohl mit der Ungebundenheit, der Frechheit und Öffentlichkeit wie bei uns.“ Nein, allzu viel hielt man nicht von den Medizinmännern, deren Kunst sich oft darauf beschränkte, aus der „Harnschau“ alle möglichen Diagnosen herauszuorakeln. Unser Herr Urgroßvater hatte für solche Künste nur ein mitleidiges Lächeln und freute sich insgeheim über den Spottvers, den ein entfernter Verwandter – er selbst war für Gassenhauer zu vornehm – zu Anfang des 18. Jahrhunderts von einem der umherziehenden Liedverkäufer erworben hatte und nun eifrig unter die Leute brachte:

„Herr Doktor Melißs, besee he de Piß,
sin veer Schilling sünd em gewiß
sünst nehm ick Doktor Hüttentütt,
De ock den Lüden dat Water besüht.“

Wenn es denn half (oder helfen sollte), war unser hanseatischer Urgroßvater sogar bereit, sich in die Hände von Quacksalbern zu begeben. Kurz vor Anbruch des 18. Jahrhunderts berichtete eine Chronik über einen Wunderarzt, der in Hamburg regen Zulauf hatte:

„Ein hocherfahrener Mann, Johann Heinrich, ist hier angekommen, heilte die Armen auf öffentlichem Markte um Gotteswillen, die Reichen mußten ihm billige Zahlung abstatten. Hatte ein köstliches Augenwasser, mit dem er die Augen bestrich. Die Zahl derjenigen, so er in dieser Stadt Hamburg geholfen, war 475, darunter zwei Blinde.“

Was immer das Augenwasser des Wunderheilers enthalten haben mag – es wird nur halb so schlimm gewesen sein wie das, was die Apotheker unter die Leute zu bringen versuchten, weil es angeblich Heilkraft besaß. Die Hausapotheke unseres hanseatischen Urgroßvaters enthielt unter anderem: Taubendreck, die innerste Haut vom Hühnermagen, Schlangenkraut und Hechtfett, Wolfsschmalz und Storchenfett, Wildkatzen- und Reiherschmalz, Fuchslunge und „Fettigkeit von ungewaschener Schafswolle“, „Beinlein aus dem Herzen des Hirsches“, Krebs- und Hechtaugen, zugerichtete Regenwürmer und sogar gebrannte menschliche Hirnschale, schließlich sogar noch Menschenfett, was immerhin den Schluß zuließ, daß die Apotheker, bei denen unser hanseatischer Urgroßvater als Kunde verkehrte, regen gesellschaftlichen Umgang mit dem Henker pflegten. Irgendwie mußte man ja an die Ware herankommen. Manches konnte man selbst besorgen, weißen Hundekoth etwa und Mäusedreck, wohl auch noch Schmalz von Igeln. Beim Schmalz von Bären und Murmeltieren dürfte die Sache dann wieder etwas schwieriger gewesen sein! Jedenfalls galt es als große Kunst, die Wundermittel alle fein säuberlich auseinanderzuhalten. Das Riechorgan spielte dabei die Hauptrolle, und das ist auch der Grund dafür, daß unser Herr Urgroßvater von einem Menschen, dem der liebe Gott eine besonders große und auffällige Nase verpaßt hatte, spöttisch sagte: er müsse Apotheker sein, denn er habe „een Näs to'n Krukenrüken“.

Zunächst einmal hatten Apotheker eine Nase fürs Geldverdienen. Und je mehr sie versprachen, desto besser lief ihr Geschäft.

Einer der cleversten war ein gewisser Franz Doullet, der in der Nähe der Bleichen wohnte und ein „Nouveau Elixir de longue vie“ anpries, das angeblich von einer Fachkommission in Paris für gut befunden worden war. Was aus dem sagenumwobenen und lasterhaften Paris kam, ließ unseren Herrn Urgroßvater allemal aufhorchen, und er lief gleich los, um sich das im „Hamburgischen Correspondent“ vom 31. Mai 1748 wortreich angepriesene Mittel zu kaufen. Und da erfuhr er dann, daß er fortan gegen alle Krankheiten gefeit war: „Das ‚Elixier‘ verlängert das Leben, giebt Kräfte, ermuntert die Geister, lindert und vertreibt die Schmerzen der Gicht, die Magen-Colik, Übelkeiten und Blähungen, reinigt den Magen und stärket ihn, es ist von bewährten Nutzen bei Unverdauungen, die es sogleich curiret, gegen Säure im Magen, Kopfschmerzen, aufsteigende Dünste, tödtet die Würmer, giebt Munterkeit, lindert die Schmerzen der Wassersüchtigen, auch befördert es die weibliche Monatsblüthe, giebt gesunde Gesichtsfarbe und macht corpolent, es purgirt unvermerkt ohne Empfindung, curirt alle abwechselnden Fieber, ist auch gut für Harthörige und hebt die Zahnschmerzen, wann solche von holen Zähnen herrühren. Es ist ein Präservativ gegen die ansteckenden Krankheiten, und ein sicheres Gegengift; es stärket die Einbildungskraft und die Memorie, curiret ohne Gefahr die Blattern. Es kann ferner bey denen, so die Fallsucht haben, mit Effect gebracht werden; desgleichen ist es ein Präservativ für die, so den Schlagfluß befürchten, vertreibt die Krätze und die Warzen, reinigt das Gesicht von Hitzblattern, Ausschlägen und übermäßiger Röthe. Ueberhaupt ist dieses Elixir eine vortreffliche Blutreinigung.“

Die Zeitungen der letzten 250 Jahre waren voll von geheimnisvollen Ankündigungen angeblich erprobter und bewährter Wundermittel. Besonders gern kaufte sich unser hanseatischer Urgroßvater sogenannte „Allheilmittel“, die alle seine Wehwehchen im Handumdrehen verschwinden ließen. Auch „seriöse“ Zeitungen wie der „Hamburgische Correspondent“ druckten in fast jeder Ausgabe Meldungen wie diese aus dem Jahr 1748:

„Eine von einem wahren Adepto erfundene Panacee (Allheilmittel), welche sowohl in anscheinender Todesgefahr als auch bey Fleck- und hitzigen Fieber, Schlag, Fäulung, Gicht und Podagra universal ist, wie denn ein einziges Pulver ein ganzes Jahr den ganzen Körper gegen alle Zufälle schützet: Das Pulver kostet 2 Pfennig lüb. bey sel. Thomas von Wierings Erben“.

Wem hanseatische Weisheit gebot, sich mehr an die Naturheilkunde zu halten, der bekam nützliche Hinweise in der Alltagsliteratur unserer Frau Urgroßmutter. Ein Lübecker Kochbuch aus dem 16. Jahrhundert, das die Kaufleute aus der Schwester-Hansestadt nach Hamburg gebracht hatten, brachte unsere hanseatischen Genießer auf Abwege, wenn es vom so beliebten Zucker zu sagen wußte: „Zucker ys gudt dem Magen, Boost, den Darmen, Nieren und Blasen“. Und für noch ratsamer hielten es unsere Hanseaten, zwecks Verbesserung ihrer Gesundheit zu fast jeder Mahlzeit ausgerechnet Kohl in sich hineinzustopfen. 1666 erschien in Hamburg ein Buch zur Anleitung für eine vernünftige Gartenpflege, in dem es hieß, ein verständiger Gärtner müsse allzeit seinen Hof mit Kohl versehen, „denn er ist ein Speis und Medicin“.

Ein besonderer Trugschluß hanseatischer Weisheit war der Glaube, alles was unserem hanseatischen Herrn Urgroßvater Spaß mache, müsse seinem Körper auch zum Wohl gereichen. Kaum war das Tabakrauchen in Mode gekommen, schon wurden dem qualmenden Kraut Wunderkräfte zugeschrieben. Der vielgelesene „Relations-Courier“ belehrte seine Leser im Jahre 1726: „Wegen seiner zertheilenden Kraft und gelinden Abführung des corrosivischen Schleims hat er großen Applausum gefunden, er zertheilet alle Hauptflüsse und Kopfschmerzen, er clarificiret die Augen, schärfet das Gehör und curiret alle Zahnschmerzen in wenig Minuten, er stillet durch sein balsamisches Öl alle Schmertzen an dem gantzen menschlichen Cörper.“

Man könne den ganzen Tag davon rauchen, behauptete der Schreiber, und es werde einem wohl bekommen. Unserer hanseatischen Frau Urgroßmutter wollte das anfangs nicht einleuchten. Sie versuchte, ihrem eifrig vor sich hin qualmenden Herrn Verehrer mit allen Mitteln davon abzubringen, und sei es um den Preis ewiger Jungfernschaft. Wenn einer nämlich um ihre Hand anhielt, soll sie sich ausbedungen haben, daß er den „Tobak müßte fahren lassen, weil er eine beschwerliche Atemholung oder Stanck machete“.

Unser noch unverehelichter Herr Urgroßvater beschloß, daß er sich einstweilen lieber an seiner Pfeife als an einer Ehefrau wärmen wollte und spottete: „Kein Jungfer-Kuß hat den Geschmack, als wie das edle Kraut Tobak.“

Die in Hamburg vielgelesene „Neue woleingerichete Frauenzimmerapotheke“, erschienen 1741, hatte noch eine andere Empfehlung parat, die eifrig befolgt wurde:

„Wenn der Kopf dumm und die Gedanken unordentlich sind: so wird es dienlich seyn, Folgendes denn und wenn als einen Schnupftobak zu gebrauchen: Nimm gepulverten Tobak, eine Unze, Haselwurz, zwo Drachmen, den besten Bibergeil, eine Drachme, weisse Nieswurz, eine halbe Drachme. Mische es unter einander und mache einen Schnupftobak daraus."

Ein Hamburger Dichter besang die vermeintlichen heilenden Eigenschaften des eingesogenen Rauches sogar in einer langen „Taback-Hymne", in der es unter anderem hieß:

Das Ohren-Weh besieget dieses Blat:
Sein flüchtig Saltz durchdringet alle Röhren,
Die Schleim und Blut ganz fest verstopffet hat:
Braucht diesen Rauch als eine Panace,
Im Ohren-Weh.

Sicher war es weise von unserem hanseatischen Urgroßvater, jede Art von Genuß mit der Vorstellung zu verbinden, die Sache sei dem Körper (und damit der Seele) von großem Nutzen. In der Commerzbibliothek ist noch heute „Ein Lobgedicht auf den Caffe" aus dem Jahre 1747 nachzulesen, in dem ein Meister des Reims das seit hundert Jahren in Hamburg bekannte Getränk in höchsten Tönen als Medizin pries:

„Man trinkt mit Milch und auch allein,
Fast keine Krankheit ist zu nennen,
In welcher wir nicht den Caffe
Mit größtem Nutzen brauchen können
Als eine rechte Panacee."

Sogar eine Liste der Krankheiten ist aufgeführt, gegen die das exotische Getränk nützlich sein sollte: Kopfweh, Schwindelanfälle, Nervenziehen und Gedächtnisschwäche, Wechselfieber, Schwind- und Lungensucht, Nierenleiden, rote Ruhr, Milz- und Wassersucht wie auch Gicht wurden ausdrücklich genannt. Und am Schluß gab sich der Autor noch poetisch, wenn er behauptete, der Kaffee lasse die „unbeerbten Frauen die Blüthen süßer Hoffnung schauen."

Wenn nicht einmal der Kaffee mehr helfen wollte, blieb als allerletztes Mittel immer noch eine Tasse Schokolade. Es sei die beste Medizin, schrieb ein Autor im frühen 18. Jahrhundert, „einen Menschen, wenn er etwa durch Krankheiten oder durch ungeschickte Arzneyen der promovierten Quacksalber und graduirten Idioten entkräftet ist, wiederum zu erquicken und zu rechte zu bringen."

Andererseits mußte unser hanseatischer Herr Urgroßvater ziemlich widerstandsfähig sein, um die Rezepte mit dem Indianergetränk Chocolata zu verkraften: Zur Reinigung der Nieren sollte der Chocolata spanische Seife von der Größe einer Musketenkugel zugesetzt werden. Im übrigen half das Getränk auch gegen Engbrüstigkeit und Lendenpein, sollte „entkräfften Personen ihre Vigeur" wiederbringen und „erwecket naturrellement die Mannheit".

Natürlich gab es auch ganz andere Mittel gegen Krankheit, Mittel, die man nicht so einfach beim „Afteker" besorgen konnte. Verdauungsstörungen beispielsweise waren auf folgende angenehme Art leicht zu beseitigen: Man mußte den Leib mit der Hand eines Toten berühren, der – das erschwerte die Therapie allerdings ein bißchen – an der Schwindsucht gestorben war.

Ob man überhaupt in naher Zukunft einer Medizin bedurfte, oder ob man noch einmal so über die Runden kommen würde, darüber gab im alten Hamburg ein Orakel Auskunft:

Die jungen Mädchen hängten sich am Silvesterabend ein weißes Laken um die Schultern, liefen rückwärts aus der Tür heraus und blickten auf das Dach. Sahen sie darüber einen Kranz schweben – und bei welchem jungen Mädchen half der Wunsch der Einbildungskraft nicht gern ein bißchen nach – dann durfte sie sich auf ihre bevorstehende Hochzeit vorbereiten. Sah sie einen Sarg, dann war es ratsam, sich schon mal auf die Hauptrolle bei einer Beerdigung einzustellen.

Werfen wir zum Schluß noch einen neugierigen Blick in die Hausapotheke unserer hanseatischen Urgroßmutter. Sie war vollgestopft mit allerlei Mitteln gegen allerlei Alltags-Zipperlein und -ärgernisse. Zum Beispiel gegen Ungeziefer. Da war im Haushaltungs-Calender auf das Schaltjahr 1824 ein Mittel angepriesen, mit dem man Betten von Flöhen reinigen sollte:

„Man lege unten in die Bettstelle rein abgewaschene und getrocknete Quecken, deren Geruch die Flöhe nicht ertragen können. Oder man besprenge den Boden des Zimmers oftmals mit Gurkenwasser, und kehre es fleißig aus; dies hat man sehr bewährt befunden."

Wer wollte, konnte aus der Vernichtung der lästigen Hausgäste – wie ein alter Ratgeber verrät – ein richtiges Ritual machen, eine Art hanseatische Corrida der Flohtötung: „Eine Floh-Falle ist ein dem Frauenzimmer bekanntes und sehr dienliches Instrumente, insgemein von Elffenbein rundgedrehet um und um durchlöchert und innewendig mit Wolle ausgefüllet; dienet wider die Anfechtung der stachlichten Thierlein, so ihre Nahrung und Kost bey dem Frauenzimmer suchen sollen. Vermögc ihmc sie auf der Haut diesse spitzfündigen Gäste und schwarzen Passagier artig zu fangen wissen."

Es gab auch mancherlei Hinweise, wie man die Hausapotheke durch Eigenproduktion auffüllen konnte. Die Gewinnung der folgenden Arznei war zwar alles andere als appetitlich, aber – so versichert das Frauenzimmerlexikon von 1773 – die Medizin war höchst wirksam:

„Ohrenschmalz ist eine Unreinigkeit, die sich in der Schnecke des Ohres sammelt. Dieses Schmalz ist sonst eine Arzney vor mancherley Zufälle, z. E. wider die Colik, wenn man es in einem Trunk einnimmt, wider Scorpionen-Bisse, wenn man es aufschmieret. Vornehmlich rümt man es als ein bewährtes Mittel für die Augen-Zufälle, wenn man es sammelt, und entweder in ein wenig Muttermilch dilnirt, oder auch nur frisch mit dem kleinen Finger in die vier Augenwinkel reibt und den Kopf auf beide Seiten dreht. Wenn hierauf die Augen davon überzogen werden, brennt es wie Salz, und es läuft Wasser heraus. Auch ist es gut für Flechten und Blattern im Gesicht, als wenn man sie des Abends aufkratzt, ausdrückt und mit Schmalze bestreicht, aber des Morgens mit nüchternem Speichsel wieder abwäscht."

Für die lieben Kleinen gab es noch eine besondere Art von Medizin, der sich die Hanseaten auch im fortgeschrittenen Alter gern bedienten; denn Kinder hatte man reichlich und machte um ihr Wohlergehen nicht viel Aufhebens. Wenn sie abends brüllten, flößte man ihnen viel Bier und Branntwein ein, und das stimmte unseren Urgroßvater auch schon im Kleinkinderalter ziemlich fröhlich.

Weniger fröhlich war er, wenn er ein paar Monate später der mütterlichen Brust entwöhnt werden sollte. Daß dies am besten im Herbst bei zunehmendem Mond geschehen solle, war noch das geringste Problem. Aber die Art, wie es geschah, konnte einem denn doch jeglichen Appetit verderben: Die Amme beschmierte sich die der direkten Versorgung des kleinen Hanseaten dienenden im übrigen ja kaum unappetitlichen Körperteile mit Senf. Der Eindruck bei dem auf diese Weise geschockten Jung-Hanseaten war so nachhaltig, daß er noch viele Jahre später hämisch erklärte, er habe „een' Semp op'n Titt smert", wenn er sagen wollte, daß er irgend jemand den Geschmack an einer Sache gründlich verdorben hatte.

NACHREDE

Dem geschätzten Leser zur Versöhnung ans Herz gelegt

Es soll Hanseaten geben, die der eherne Schatz unvergänglicher hanseatischer Weisheiten – besonders deren verbale Verpackung – bis ins Innerste ihrer Gewürzhändlerseele erschüttert. Solches Zurückweichen vor der eigenen Stammesgeschichte verdient unsere tiefste Verachtung.

Respekt dagegen zollen wir jenem aufrechten Mit-Hanseaten, der die in diesem überaus lesenswerten Buch zusammengetragenen Erkenntnisse als Aufforderung zu deuten versteht, sich seiner Herkunft mit Stolz zu erinnern. Und wenn sich dieser Verehrungswürdige gar entschließen könnte, die Lektionen als Grundlage hanseatischer Weiterbildung zu nutzen, hätte er Anspruch auf unsere uneingeschränkte Bewunderung. Könnte er sich darüber hinaus entschließen, ein paar Dutzend weitere Exemplare dieses überaus lesenswerten Buches zu erwerben, um damit in einstweilen noch wenig aufgeklärten hanseatischen Kreisen Missionsarbeit zu leisten, hätte er außer dem Anspruch auf Bewunderung auch noch den auf einen angemessenen Mengenrabatt. Der Verleger wird ihm in diesem Fall gern entgegenkommen!

Der Nicht-Hanseat sollte die Lektüre des überaus lesenswerten Buches nutzen, um durch eifriges Studium die höheren Weihen eines gelernten Hanseaten zu erlangen. Das ist kein leichtes Stück Arbeit. Aber es ist auch nicht ganz hoffnungslos. Denn: Bi Gott is allens möglich, sä de Buer un güng mit den Wallach to'n Hingst. K. G.

LITERATUR

Ernst Finder
Hamburgisches Bürgertum in der Vergangenheit
Hamburg 1930

Karl Koppmann
Aus Hamburgs Vergangenheit
Hamburg und Leipzig 1886

Christern
Die Geheimnisse von Hamburg
Hamburg und Leipzig 1845

Die Biene
Unterhaltungsblatt
Hamburg 1830

Hein Sternhagen
Ut Vadder's Tiden
Hamburg, ohne Jahresangabe

Georg Paul Hoenn
Betrugs-Lexicon
Worinnen die meisten Betruegeryen in allen Staenden, nebst denen darwider guten Teils dienenden Mitteln
Coburg 1761

Anleitung zu denen curiösen Wissenschaften gesammelt von einem Liebhaber Anno 1747
Reprint bei Hoffmann und Campe Hamburg 1980

Siegfried Lenz
Leute von Hamburg
Hamburg 1968

Daniel Bartels
Grillenscheucher I. und II. Theil
Hamburg 1867

Michael Richey
Idioticon Hamburgense
Hamburg 1755

Petro Hesselio
Hertzfliessende Betrachtungen von dem Elbe-Strom
Altona 1675

Fr. Clemens
Hamburg's Gedenkbuch
Hamburg 1844

Johann Friedrich Schütze
Holsteinisches Idioticon
Hamburg 1800

Der Ausruf in Hamburg
vorgestellt in 120 colorierten Blättern
von Professor Suhr
Erklärungsheft
Hamburg 1808

Hans-Heinrich Rottgardt
Läver'n Dickkopp as'n Dööskopp
Neumünster 1976

Hans-Henning Holm
Da bist Du platt!
Neumünster 1980

Fritz Sprecht
Plattdeutsch
wie es nicht im Wörterbuch steht
Frankfurt 1980

Dirks Paulun
Platt auf deutsch
München 1974

Plattdeutsches Wörterbuch
Bearbeitet von Wolfgang Lindow
Leer 1984

Plattdütsche Snäcke
zusammengetragen von
Wolfgang Lindow und Claus Schuppenhauer
Bremen 1978

Marcus Loofft
Nieder-Sächsisches Kochbuch
Lübeck 1794

Kleine Charakteristik von Hamburg
von Einem Kosmopoliten
Hamburg und Leipzig 1783

Albrecht Borcherdt
Das lustige alte Hamburg
Hamburg 1910

Johann Jakob Rambach
Versuch einer physisch-medizinischen Beschreibung von Hamburg
Hamburg 1801

Kurt Grobecker
Hanseatisches Damenbrevier
Lübeck 1977

Kurt Grobecker
Hanseatisches Herrenbrevier
Lübeck 1978

Peter Seidensticker
Wat de Bur seggt
Stade 1976

Von Kurt Grobecker sind im Kabel Verlag
ebenfalls erschienen:

Hamburger SternStunden

140 Seiten, illustriert, gebunden

Das Buch zur Sendereihe *Stichtag* auf der
NDR-Hamburg-Welle: Wichtige historische und
zeitgeschichtliche Ereignisse in Hamburg.

Denkwürdigkeiten und Merkwürdigkeiten aus der Geschichte Hamburgs

140 Seiten, illustriert, gebunden

Der Reiz dieser liebevoll aufbereiteten
Denkwürdigkeiten liegt darin, daß sie nicht einfach als
„historischer Tatbestand" erzählt werden,
sondern immer mit einem satirischen Hintergedanken.

Neue Denkwürdigkeiten und Merkwürdigkeiten aus der Geschichte Hamburgs

140 Seiten, illustriert, gebunden

Kurt Grobecker hat weiter in alten Chroniken
geblättert und in Archiven gegraben
und bemerkenswerte Begegenheiten aus Hamburgs
Vergangenheit zutage gefördert.

Weitere Verschenkbücher aus dem Kabel Verlag:

Otto Ernst/Senta Regina Möller-Ernst

Appelschnut

und

Appelschnut über Appelschnut

Doppelband, 292 Seiten, illustriert, gebunden

Appelschnut, die sechsjährige Tochter von Otto Ernst, erlebt eine ganze Menge während ihrer Kindheit im Hamburg der Jahrhundertwende. Inzwischen ist das Kind von damals mehrfache Urgroßmutter. Im zweiten Teil erzählt diese, was aus der „Appelschnut" geworden ist.

Klein Erna

Ganz dumme Hamburger Geschichten
Nacherzählt und liebevoll illustriert von Vera Möller
je Band 80 Seiten, gebunden

Wer kennt sie nicht, die Hamburger Göre Klein Erna? Die Geschichten und Witze werden seit Jahrzehnten von Generation zu Generation weitererzählt.

Erich Kleßmann (Hrsg.)

Das Hamburger Weihnachtsbuch

220 Seiten, illustriert, gebunden

Dieses Buch sammelt das Verstreute und Vergessene und vermittelt in Wort und Bild, was seit Jahrhunderten das Weihnachtsfest in Hamburg geprägt hat.